子ども家庭支援・
子育て支援入門

才村 純・芝野松次郎・新川泰弘

[編著]

ミネルヴァ書房

は じ め に

　今日，都市化や核家族化が進行するなか，地域社会で支え合う機能の低下により子育て家庭が地域社会から孤立し，子育て不安や虐待問題が深刻化している。また，経済的に苦境に陥った子育て家庭の貧困問題，子育てや家事の固定的性別役割分担意識による母親の心理的負担感の増大，出産や子育てと仕事の両立の困難さ，メンタルヘルスの不調や精神疾患といった課題なども関連して問題が複雑化し，支援において高度な専門性が求められるようになってきている。たとえば，子育てをしている母親が，夫や自分の親や親族からのサポートが得られないだけでなく，近隣の子育て仲間との交流もなく，地域社会から孤立してしまっているケースも見受けられる。子育て家庭が地域社会から孤立している場合には，抱え込んだ子育ての不安やストレスが引き金となって，子どもの健やかな育ちが脅かされる事態へと悪化していくこともある。それどころか，子ども虐待やネグレクトなどによって，子どもの生命が危ぶまれる事件も発生しており，喫緊の対応が必要となっている。

　こうしたさまざまな課題に応じるため，2015（平成27）年4月からは少子化対策のみを目標とした子育て支援・保育対策ではなく，社会全体で子どもと子育てを支援するといった社会の実現を目指していく包括的な「子ども・子育て支援新制度」がスタートしたのである。そして，子どもや子育て家庭を取り巻くさまざまな環境の変化等に対応した新たな子どもの育ちへの支援と子育て家庭への支援が始まっている。2017（平成29）年3月31日には，「保育所保育指針」が約10年ぶりに改定されるとともに，保育士養成課程の見直しに向けた検討が行われ，2019（平成31）年度から新たな保育士養成課程が開始されている。子ども家庭支援・子育て支援に関しては，見直し後の新たな教科目として，「子ども家庭支援論（講義2単位）」，「子育て支援（演習1単位）」が設けられ，内容も再度，検討されたのである。

　その結果，保育士には，子ども家庭支援・子育て支援に関する理念，理論，歴史，法・制度，支援を学ぶことの重要性が再度示されたが，本書は，それを学ぼうとする人のために編まれたものである。保育士が子どもと子育て家庭を支援するためには，子ども家庭支援・子育て支援に関する実にさまざまな基礎的あるいは専門的な知識や技術が必要となるが，本書では，そうした内容を網羅して取り上げている。

　本書は，第1章「子ども家庭支援・子育て支援の意義と役割」，第2章「少子高齢社会と子育て家庭をめぐる問題」，第3章「子育て家庭に対する支援の実施体制」，第4章「次世代育成支援の推進と子ども家庭支援・子育て支援施策」，第5章「保育士による子ども家庭支援の意義と基本」，第6章「保育士に求められる基本的態度」，第7章「保育士による子ども家庭支援の展開過程」，第8章「保育士による職員間・関係機関・専門職の連

携・協働」，第 9 章「保育士による子育て支援の特性と展開」，第10章「保育環境を活用した子育て支援」，第11章「送迎場面を活用した子育て支援」，第12章「さまざまな伝達手段を活用した子育て支援」，第13章「さまざまな保育体験活動を活用した子育て支援」，第14章「さまざまな児童福祉施設でおこなわれる子育て支援」，第15章「子ども家庭支援・子育て支援の課題と展望」から構成されている。各章の終わりには，内容の確認・応用・深化のために，「演習問題」を設けている。なお， 9 章〜14章においては，「演習事例」が提示されているので，事例を通してさまざまな問題について考えることができる。また，「演習課題」に対応した「解説」を設けているので，個人でもグループでも省察を通して，学びを深めることができる。

これらに加え，「子どもの貧困」，「親と子のふれあい講座」，「障害のある子どもの親への支援」，「個人懇談会」，「巡回訪問支援」，「エコマップ」，「リフレーミング」といった子ども家庭支援・子育て支援にかかわる重要なトピックスを取り上げて，コラムで解説している。

全編を通して，子ども家庭支援・子育て支援の理念，理論，歴史，法・制度，支援に精通している専門家が各章とコラムを執筆担当している。本書により，子ども家庭支援・子育て支援の理念，理論，歴史，法・制度，支援に関する専門的知識・技術を学ばれ，将来，子どもと子育て家庭の支援を担う専門職になっていただくことになれば，編者にとって望外の幸せである。

最後に，本書の出版を快くお引き受けいただいたミネルヴァ書房に，とりわけいろいろとご助言ご援助をいただいた編集部長の浅井久仁人氏に，心より厚くお礼申し上げたいと思う。

編者一同

子ども家庭支援・子育て支援入門　目　次

第1章　子ども家庭支援・子育て支援の意義と役割

　　子ども家庭支援・子育て支援は，保育士の業務として法定化されている。本章は，子ども家庭支援・子育て支援入門の序章として位置づけているものであり，子ども家庭支援・子育て支援の必要性，理念と意義，保育所・認定こども園・幼稚園等（以下，保育所等）における子ども家庭支援・子育て支援のあゆみ等，基本的内容について学習する。

　　保護者も子どもも，直接的，間接的支援を受けながら，育っていく存在である。保育所等に所属している場合，日常的に支援を受けやすく，また，保育士・保育教諭・幼稚園教諭等（保育者），専門家の関心の対象となりやすい。一方，保育所等に所属していないと，制度や社会の関心の周縁に位置づけられがちである。

　　子ども家庭支援・子育て支援においては，両者がいずれも重要であり，保育者としての専門性を発揮する必要があることを，本書全体を通じて身につけていただきたい。

1．子どもの育ちと子ども家庭支援・子育て支援の必要性

（1）子どもが育つ3つの場

　　子どもが育つ過程（社会化）では，家庭（第一次社会化の場），地域社会（第二次社会化の場），学校等（第三次社会化の場），が大きな意味をもつ（図1-1）。さらに，これら全体に影響する環境として，自然環境や社会環境が存在する。子どもは，このような多様な環境と出会いながら，成長していく。

　　子どもの育ちの第一歩は家庭から始まる。家庭での養育が維持できなくな

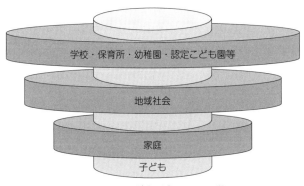

図1-1　子どもが育つ3つの場

出典：筆者作成。

1

ると，その他の親族が養育を代替したり，養子縁組，里親，施設養護などの社会的養護が機能したりすることになる。

　さらに，子どもは大きくなるにつれ，家庭だけではなく，地域社会との関係のなかで生きていくことになる。地域住民や地域環境が子どもの社会化に影響してくるということである。これを第二次社会化の場という。公園，お寺や神社の境内，児童館，路地裏，子ども仲間，地域住民との交流など，子どもを取り巻くインフォーマルな環境が，子どもの育ちを支えているということである。

　第二次社会化の場は，子どもが初めて出会う，家庭とは異なる小さな社会であり，日常的な生活場面を通じて，非意図的に社会化がおこなわれることが多く，子どもだけでなく，親も含めた育ちの場ということができる。

　フォーマルな立場で，子どもの社会化をおこなうのが，学校，保育所などの社会制度である。これを第三次社会化の場という。第三次社会化の場は，社会人として生きていくための基礎知識を，多くの場合，意図的な学習等を通じて提供するところに特徴がある。

（2）子ども家庭支援・子育て支援の必要性
　子ども家庭支援・子育て支援の必要性は，大きく4つの視点から考えることができる。

① 生活・就労の多様化
　戦後日本社会は，第一次産業中心の社会から，第二次産業社会，第三次産業社会へと姿を変えていった。これに伴い生活も大きく変化した。
　第一次産業社会から第二次産業社会への移行は，人口の都市集中を招き，核家族化が進んだ。第二次産業社会から第三次産業社会への移行は，営業時間の長時間化，休業日の不規則化をもたらし，就労時間帯の多様化につながっていった。加えて，経済成長の不安定と家計の逼迫，男女ともに働く社会の推進などにより，積極的か消極的かにかかわらず，就労者が増加していった。このような変化のなかで，子育て期の女性労働力率も少しずつ上昇し，日本の女性労働の課題の一つであった，子育て期に女性労働力率が低下するM字カーブも，谷の部分が上がっていくこととなった。

② 家庭の子育て機能の弱体化
　家庭の子育て機能の低下は，2つの視点で考えることができる。
　第1は，前項で示した生活や就労の多様化に伴うもので，家庭機能の社会化あるいは外部化ということができる。

　第2は，少子化，核家族化，子育て環境や子育て情報の多様化などにより，保護者の子育て能力が全般的に弱体化したことである。その背景には，①子育てを身近に見たり，経験したりする機会が減少したことによって，子どもが育つということの実感がなくなってきていること，②細かな保健知識や子育て情報が届けられることにより，主体的な判断ができにくくなっていること，③子育てをサポートする資源やサービスが増え，利用できるものがどこにあるのか，その特徴が何なのかがわかりづらくなっていること，④多様な生き方をすることが尊重される社会となり，子育て以外の生活が重視されるようになっていること，などがある。

③　地域や親族の支える力の弱体化

　親子を支えていた親族や地域の福祉力も低下している。地域は，子どもの「第二次社会化の場」と既述したように，地域は家族自体を育みつつ，子どもの社会化にかかわってきた。「地域社会の崩壊」あるいは「地域社会の再生」という言葉がある。地理的意味での地域（地理的コミュニティ）がなくなったわけではないので，これは，機能的意味・お付き合いという意味の地域（機能的コミュニティ）が弱体化したため，再生が必要であるということを意味している。

　いったん弱体化した機能は，住民の力だけでは再生が困難であり，行政による支援が必要となった。つどいのひろば事業（現，地域子育て支援拠点事業）は，その代表的な施策である。

④　在宅子育て家庭の問題の顕在化

　就学前の子どもで，保育所等に所属していない子どもの多くは，平日の日中，家庭に軸足をおいた生活（以下，在宅子育て家庭）をしている。このような状況でも親子が良好な関係のなかで生活していれば問題はないが，これまで示してきたように，実際には支援の必要な家庭が多くある。

　就学前の子どもたちのうち，保育所等を利用しているものは6割台半ばに過ぎない（図1-2）。「それ以外」には，認可外の保育施設や児童発達支援センターなども含まれるが，これはごく一部であり，ほとんどは在宅子育て家庭である。3歳未満の子どもたちでは，6割強が在宅子育て家庭である。

　「子育ては親（母親）がするのが当然である」，「親が家にいるのだから，支援する必要はない」。このような考え方が，長く一般的に広まっており，在宅子育て家庭への支援という考え方は少なかった。地域子育て支援においては，3歳未満の在宅子育て家庭を，地域で生活する親子として意識することが必要である。

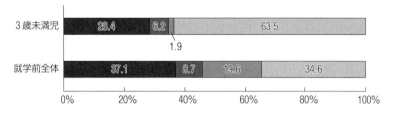

図1-2 就学前の子どもの居場所

出典：保育所等は，厚生労働省「令和元年社会福祉施設調査」。
　　　幼保連携型認定こども園及び幼稚園は，文部科学省「令和元年学校基本調査」。

2．子ども家庭支援・子育て支援の理念と意義

（1）子ども家庭支援・子育て支援の理念

　子ども家庭支援・子育て支援の理念は多様であるが，たとえば，表1-1に示すようなものが考えられる。

表1-1 子ども家庭支援・子育て支援の5つの理念

① 保護者による子どもへの適切な関心を高める
② 子どもと保護者がともに育ち合う関係を育てる
③ 一人ひとりの生きる力を培う
④ 地域とつながり地域の一員となる力を育む
⑤ まちをつくっていく基礎を固める

① 保護者による子どもへの適切な関心を高める

　子ども家庭支援・子育て支援に期待されていることの一つは，保護者と子どもとの間に長期的な安定関係の基礎を築くことである。子どもに適切な関心をもっていない保護者が，子どもを主体的に育てていくことは困難である。

　何が「適切」かについて共通の理解を得ることはなかなかむずかしいが，「不適切さ」については，ある程度可能である。たとえば，子どもの育ちの特性や環境との関係を十分理解していない（歪んだ子ども理解），保護者の生活を中心に考え子どもについて関心自体が薄い（ネグレクト），きょうだい・近所の子ども・育児書などと比べて子どもの遅れや育ちの違いを保護者がきつく指摘する（心理的虐待），などはその代表的な例である。

② 子どもと保護者がともに育ち合う関係を育てる

　保護者が，子どもに対する適切な関心をもつ必要があることを意識化できたら，次は，それを「育ち，育てられる」関係，言い換えると「子どもと保

護者がともに育ち合う」関係へと高めていく必要がある。

　子どもは「育てられる」だけの存在ではない。自ら「育つ」主体でもある。一方，保護者も，「親として育っていく」必要がある。子どもを産めば，親は生物学的には親になるが，同時に社会的次元での親，心理的次元での親になったとはいえない。この2つの側面は，子どもと保護者がともに育ち合う関係にあること，育ち合うこと自体が必要であることを示している。

③ 一人ひとりの生きる力を培う

　保護者も子どももそれぞれ独立した人格の主体であり，それぞれの意思に基づいて自ら生きる力を高めていく必要がある。家庭支援においても，このような保護者と子どもそれぞれの「ひとり立ち」への支援という視点が必要である。

　「生きる力」とは，何もかもを，自分でおこなう力，あるいは自分でおこなうことを意味するものではない。疲れたときや，保護者が一人の人間として社会参加をしたい場合などには，適切なサービスを利用するということも含む。必要なものを，必要なときに，必要なだけ利用するということ，その決定に関して本人の意思が尊重されるということである。

④ 地域とつながり地域の一員となる力を育む

　私たちの生活は，地域との関係を抜きに考えることはできない。親子の生活においても，これは同様である。一人ひとりが自分の生活に責任をもって対処していく際に，地域との関係が弱ければ，地域を核とした生活を営むことは困難である。

　そのため，子ども家庭支援・子育て支援においては，保護者と子どもがともに地域の一員として生活していくために，地域との関係を構築していくことが目標の一つとなる。

⑤ まちをつくっていく基礎を固める

　社会福祉の援助目標の一つは，弱体化しつつある機能的意味での地域社会の力を，伝統的な地縁関係中心ではなく，現代社会のあり方を前提として，主体的存在としての新たな住民意識を再度高めていくことにある。

　子ども家庭支援・子育て支援においてもこれは同様で，家族およびその構成員一人ひとりが地域の一員として生活していくことを通じて，新たなコミュニティの形成に資することが，その目標となる。

（2）子ども家庭支援・子育て支援の意義

　子ども家庭支援・子育て支援には大きく4つの意義がある。

① 子ども自身の育ちの社会的支援

　児童福祉法第1条は，「全て児童は，児童の権利に関する条約の精神にのっとり，適切に養育されること，その生活を保障されること，愛され，保護されること，その心身の健やかな成長及び発達並びにその自立が図られることその他の福祉を等しく保障される権利を有する」と，子ども自身に育ちを保障される権利があることを規定している。

　続く第2条では，「全て国民は，児童が良好な環境において生まれ，かつ，社会のあらゆる分野において，児童の年齢及び発達の程度に応じて，その意見が尊重され，その最善の利益が優先して考慮され，心身ともに健やかに育成されるよう努めなければならない（第1項）。児童の保護者は，児童を心身ともに健やかに育成することについて第一義的責任を負う（第2項）」と，育成の第一義的責任は保護者にあるとしつつも，国および地方公共団体にも育成の責任を（第3項），さらに国民全般にも育成の努力義務を課している。子ども家庭支援・子育て支援に社会的に取り組むということは，この児童福祉法の精神を生かすということでもある。

② 保護者の養育能力の向上

　保護者の養育能力の向上は，子育て支援の重要な意義である。直接的には，これを目標にしたり，意義として意識したりしている場合が最も多いと考えられる。養育能力には，緊急時などにおける対処能力を身につけることも含まれる。保育者の多くは保育所等などの通所型の施設で働いているが，そこを利用している家庭だけでなく，地域のすべての親子を視野に入れることが必要である。

③ 子どもの養育を核にした保護者の生活全体の支援

　保護者は家庭の維持，就労の継続，地域社会内での付き合い，個人の生きがいの追求など，多様な生活の側面をもつ。これらが，保護者なりに満足のいくものであれば良いが，一時的，あるいは継続的にバランスが崩れてしまうことは少なくない。子ども家庭支援・子育て支援は，保護者の立場に立って，これらのバランスを調整し，生活を円滑に営むようにするという役割も担う。

④ 地域の福祉力の向上

　子ども家庭支援・子育て支援の最終的目標は，保護者と子どもが地域のなかで，住民とともに生活していく力を身につけていくことにある。そのためには，地域の側の福祉機能を高めていくことも必要である。かつてとは異なり，地域とのつながりが弱くなっていたり，それ自体を忌避しようとする家庭が多くなっている。子ども家庭支援・子育て支援には，地域とのつながりを回復するという意義もある。そこでは，地域から家庭へ，家庭から地域へという双方向のアプローチが重要である。子ども家庭支援・子育て支援としてのこのような取り組みが，地域社会の一員としての自覚を高め，その絆を強めることによって，地域の福祉力が高まるということになる。

3．保育所等のあゆみと子ども家庭支援・子育て支援

（1）保育サービス発展の5段階

　保育所を中心に，保育サービスのあゆみを概観すると，大きく5つの段階が明らかとなる（図1-3）。

　第1期は，1960年前後までの時期である。初期は，低所得者対策としての戦後処理的側面の傾向が強かった保育所も，後半になると3歳以上児を中心とした就労支援の側面を高めていく。

　第2期は，1975年前後までで，高度経済成長を支えるものとして，公営保

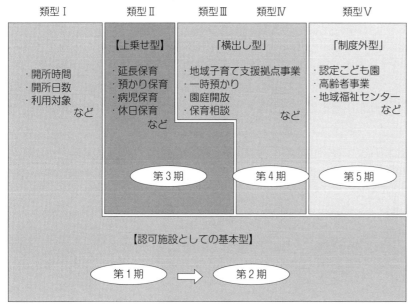

図1-3　保育サービス発展の5段階

出典：筆者作成。

育所を含め，保育所の整備が進む。幼稚園も対象年齢を5歳児から4〜5歳児へと拡充することで，私立幼稚園を中心に施設数や利用児数を増加させていく。

第3期は，1990年前後までで，保育所は，就労を通じた女性の自立支援の要素を高めていく。この時期には，延長保育や乳児保育などが急速に整備されることになる。幼稚園については，私立幼稚園を中心に3歳児の受け入れを積極的に進めるが，少子化および子どものいる家庭も含めた男女の就労社会の到来で，利用者の減少が顕著となる。地域の子育て支援についていうと，保育所機能強化推進費（1987年），地域子育て支援拠点事業の原型となる，地域子育て支援センター（1995年）などが事業化された。この時期の子育て支援は，保育所を中心に展開し，後半になると，NPO法人や市町村社会福祉協議会による活動も活発になる。

第4期は，2005年前後までで，就労以外の社会参加を含む女性の自立支援や，いわゆる子育て支援あるいは地域支援と呼ばれる事業に拡充する。1997年の児童福祉法改正では，保育所に子育て支援の努力義務規定も設けられた。このような支援活動は，保育所等の公的制度を通じてのみならず，地域の住民活動としても展開している。とりわけ，初期は，在宅子育て家庭に届く施策が少なかったこともあり，子育てサークルなどの母親自身の相互支援活動も芽生え，つどいの広場事業が実施されることになる。この時期私立幼稚園は夏季休業時を含め預かり保育が進んでいく。

第5期は，2005年前後以降，今日に至るまでの時期である。保育所待機児童問題が社会問題化する一方で，幼稚園の利用者が激減していく。少子化対策を含め，これらの状況に総合的に対応するのが，子ども・子育て支援制度（2015年）である。ここでは，利用者支援事業が市町村の責務となった。また，認定こども園制度が本格的に実施され，子育て支援を目的の一つとし，保育所でも幼稚園でもない，あらたな児童福祉施設であり，学校でもある幼保連携型認定こども園が設置されることになった。一方，幼稚園においても，この時期にようやく子育て支援の重要性の認識がなされ，学校教育法に自主努力として位置づけられることとなる。

（2）2つの子ども家庭支援・子育て支援

子ども家庭支援・子育て支援は，保育所保育指針第4章にも明記されているように（表1-2），その対象は大きく2つに分けて考える必要がある。

第1は，保育所を利用している保護者に対する子育て支援である。保育所という存在自体が，就労等により保育の必要な家庭を支援することを通じて，子どもの育ちを支援する施設である。保育サービス発展の5段階でいうと，

表1-2　保育所保育指針における子育て支援の構造

```
1．保育所における子育て支援に関する基本的事項
  1）保育所の特性を生かした子育て支援
  2）子育て支援に関して留意すべき事項
2．保育所を利用している保護者に対する子育て支援
  1）保護者との相互理解
  2）保護者の状況に配慮した個別の支援
  3）不適切な養育等が疑われる家庭への支援
3．地域の保護者等に対する子育て支援
  1）地域に開かれた子育て支援
  2）地域の関係機関等との連携
```

第2期に相当する取り組みである。加えて，必要に応じて，延長保育や休日保育など，保護者のニーズに応えたり，虐待の相談や対応等に関し，子どもの人権擁護あるいは保護者の養育能力の回復などの視点から，専門的支援を提供したりする。前者は，第3期の取り組みに該当する。

　第2は，日常的には保育所等を利用していない親子の支援，いわゆる地域子育て支援である。具体的には，一時預かり（一時保育），園庭開放，保育相談，地域子育て支援拠点事業などである。これは，第4期の取り組みに該当する。

（3）保育所等における子ども家庭支援・子育て支援の位置づけ

　保育所，認定こども園，幼稚園等，就学前の子どもの社会的養育の場における子育て支援については，それぞれ法律で子育て支援についての規定がある（表1-3）。表に示すように，このうち認定こども園については類型を問わず義務，保育所および幼稚園については努力義務と解される規定となっている。

表1-3　保育所・幼稚園・認定こども園における地域子育て支援規定等

保育所 （児童福祉法第48条の4）	保育所は，（中略），乳児，幼児等の保育に関する相談に応じ，及び助言を行うよう努めなければならない。
幼稚園 （学校教育法24条）	幼稚園においては，（中略），幼児期の教育に関する各般の問題につき，保護者及び地域住民その他の関係者からの相談に応じ，必要な情報の提供及び助言を行うなど，家庭及び地域における幼児期の教育の支援に努めるものとする。
認定こども園 （認定こども園法第3条第2項第3号）	子育て支援事業のうち，当該施設の所在する地域における教育及び保育に対する需要に照らし当該地域において実施することが必要と認められるものを，保護者の要請に応じ適切に提供し得る体制の下で行うこと。

表1-4　保育士・幼稚園教諭・保育教諭の業務規定

保育士の業務 （児童福祉法第18条の4）	この法律で，保育士とは，（中略），保育士の名称を用いて，専門的知識及び技術をもつて，児童の保育及び児童の保護者に対する保育に関する指導を行うことを業とする者をいう。
幼稚園教諭の業務 （学校教育法27条第9項）	教諭は，幼児の保育をつかさどる。
保育教諭の業務 （認定こども園法14条第10項）	保育教諭は，園児の教育及び保育をつかさどる。

　子どもの養育に直接かかわる職員については，保育士には保護者支援に関する規定はあるが，幼稚園教諭や保育教諭については，法律上に具体的規定はない（表1-4）。

　なお，地域子育て支援は，上記の3つの主たる拠点のみで展開されるものではない。子育てサークルなど保護者自らの主体的活動，子育て支援サークルなど住民主体の福祉活動，さらには社会福祉協議会や（主任）児童委員・民生委員など，多様な供給主体によって創意工夫しながら展開すべきものである。

演習問題

1．あなたの祖父母世代，親世代の人，何人かに，当時の子育ての状況を聞いてみましょう。
2．3歳未満の子どもを想定して，保育所等の利用の有無による，保護者の悩みの違いを想像してみましょう。
3．子ども家庭支援・子育て支援において，保育者が重視すべき点を改めて整理してみましょう。

（山縣文治）

第2章　少子高齢社会と子育て家庭をめぐる問題

　　日本では，1989年の1.57ショックから30年以上にわたり少子化が進んでいる。この要因には未婚化・晩婚化の影響が大きいとされているが，この傾向に歯止めがかからない状況となっている。そのため，人口減少・超高齢社会を迎えようとしているが，安心して子どもを産み，育てていける社会がますます重要になってくる。そして，現状の子育て家庭について，その教育力が低下してきているとされ，その要因の一つとして核家族化が挙げられることが多い。しかし，核家族化といった家族形態が問題なのではなく，「家族の社会的孤立」が問題なのである。この視点に立って，子育て家庭を孤立させ，保護者のみに子どもの養育の責任を転嫁するのではなく，社会全体で子育て家庭を支援していくことを大切にする環境づくりが必要である。

1．少子化の動向と要因

（1）少子化の進行
　　日本では，少子化が進行している。図2-1は内閣府の『令和2年版少子

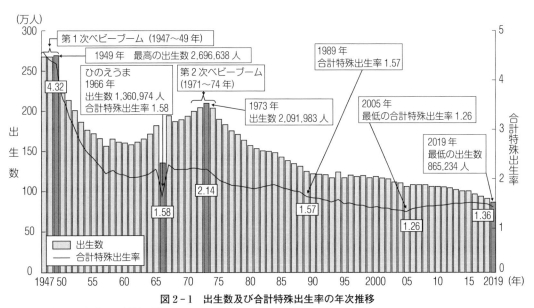

図2-1　出生数及び合計特殊出生率の年次推移

資料：厚生労働省「人口動態統計」
出典：内閣府（2020）『令和2年版少子化社会対策白書』。

化社会対策白書』で示された出生数及び合計特殊出生率の年次推移である。

　ここでいう合計特殊出生率とは，「15～49歳までの女性の年齢別出生率を合計したもの」で，一人の女性がその年齢別出生率で一生の間に生むとしたときの子どもの数に相当する。単純計算でこの値が2.0なら，夫婦2人から子どもが2人生まれることになるので，その世代の人口は維持されることになる。しかし，実際には，出産可能年齢よりも前に死亡する女性があることなどから，国立社会保障・人口問題研究所で算出した日本の人口維持のための合計特殊出生率は2.06～2.07とされている。

　さて，日本における子どもの出生数は，明治維新後，概ね増加傾向にあった。そして，第二次世界大戦後，子どもの出生数が大きく増加した，いわゆる第一次ベビーブームとなった。ベビーブームとは，出生数が一時的に急増することである。戦争中，戦地に出征していた兵士が帰還したことや，戦争終結への安堵感から，子どもの出生数が大きく増加した1947～1949年が第1次ベビーブームであり，その世代は「団塊の世代」と呼ばれている。そして，この世代が親になり，出生児数を増やした1971～1974年までは第2次ベビーブームといわれ，その世代は「団塊ジュニア」と呼ばれている。なお，第1次ベビーブームは，日本だけではなく，アメリカやヨーロッパなどでも同様の現象が起こっていた。ただし，日本のベビーブームは3年と他国に比べて短かったのが特徴である。

　この第一次ベビーブーム下の1949年の出生数は過去最高269万6638人，合計特殊出生率は4.32であった。しかし，この第1次ベビーブームは1949年で終わりを迎えた。これは，ベビーブームによる出生数の増加と海外からの引揚による社会移動により，人口が急増したことへの懸念から，1949年には，衆議院において「人口問題に関する決議」が採択されることなどを背景に避妊による産児制限の普及がしたこと，優生保護法改正により中絶の適用要件に「経済的理由」が加えられたことによる人工妊娠中絶の増加がその要因とされている。

　その後，出生数は急減し，1957年には合計特殊出生率は2.04，出生数が約157万人となった。そして，社会が近代化していくに伴って，多産多死から少産少死へと変化した。それでも，1966年の「丙午（ひのえうま）」前後の特殊な動きを除けば，合計特殊出生率は緩やかに上昇傾向し1971年から1974年までの第2次ベビーブームを迎えたものの，1975年から今日に至るまで合計特殊出生率が2を下回り，出生数も一貫して減少している。

　なお，丙午（ひのえうま）とは，中国で考案された十干十二支によって，60年周期でその年のことを示すもののうち，「丙午（ひのえうま）年の生まれの女性は気性が激しく夫の命を縮める」という迷信があった。このことを

真に受けた人びとの影響で，産み控えが起こり，1966年の合計特殊出生率が1.58と大きく下降したのである。

　こうしたなか，1989年の合計特殊出生率が，「ひのえうま」の迷信で産み控えが起こった1966年の合計特殊出生率1.58を下回った1.57だったことが1990年に明らかとなり，「1.57ショック」と呼ばれ，大きな衝撃としてとらえられた。そして，この1.57ショックを受け，エンゼルプラン，新エンゼルプラン，次世代育成支援対策法の施行など，本格的な少子化対策が講じられるようになった。そのため，合計特殊出生率は2005年に過去最低の1.26だったものが，2015年には1.45まで上昇したものの，2019年は，1.36と前年の1.42より0.06ポイント下回っている。しかし，出生数としては2016年に100万人を割る97万6978人となり，2019年には86万5234人と戦後最低の出生数となっている。

　これは，長期にわたる少子化傾向により，親世代となる年齢層の人口そのものが減少しているため，合計特殊出生率が上昇したとしても，出生数は減少するという状況となっていることによるものであり，少子化に歯止めがかからない状況となっている。

（2）少子化の要因

　こうした少子化の主な要因としては，特に未婚化・晩婚化の影響が大きいといわれている。

　未婚化については，内閣府『令和2年版少子化社会対策白書』によると，日本における2018年の婚姻件数は58万6481組で1947年以降最低となったとしており，婚姻率（人口1000人当たりの婚姻件数）も4.8であり，1970年代前半と比べると半分程度の水準となっている。

　次に晩婚化については，国立社会保障・人口問題研究所が2015（平成27）年6月に実施した「第15回出生動向基本調査（結婚と出産に関する全国調査）」の結果（国立社会保障・人口問題研究所，2017b）を見てみよう。

　過去5年間に結婚した初婚どうしの夫婦の年齢について，1950年の平均初婚年齢は男性25.9歳，女性23.0歳であったものが，2015年調査では夫が30.7歳，妻が29.4歳で男性，女性ともに上昇している。そして，夫妻が初めて出会った時の平均年齢については，1997年調査では，夫25.7歳，妻22.7歳だったものが，2015年調査では夫26.3歳，妻24.8歳と上昇している。そして，夫妻が25歳までに出会う割合は，1997年調査で夫43.9％，妻71.5％だったものが，2015年調査では夫46.3％，妻53.8％まで低下してきており，全体として出会いが遅くなっている。さらに，出会ってから結婚するまでの平均交際期間は4.3年となっており，交際期間も長期化している。このように出会い年

齢の上昇，交際期間の長期化が晩婚化を促進しているのである。

　そして，夫婦の完結出生児数（結婚して15〜19年経過した初婚同士のカップルの平均出生児数）は1970年代から2002年まで2.2人前後で安定的に推移していたが，2005年から減少傾向となり，2015年には1.94人と，過去最低となっている。また，同調査では，半数を超える夫婦が2人の子どもを生んでいることにはここ30年間変化はない。しかし，子どもを3人以上もつ夫婦の割合が低下しており，一方で子どもがいない，子ども1人（ひとりっ子）の夫婦が増加していることが示されている。

　それでは，夫婦が子どもをもつということについてどのような意識をもっているのだろうか。同じく「第15回出生動向基本調査」における，夫婦にとっての理想的な子どもの人数（以下，理想子ども数）・夫婦が実際にもつつもりの子どもの数（予定子ども数）を見てみよう。まず，理想子ども数については，1987年の2.67人をピークに減少を続け，2015年には2.31人となっている。こうした理想子ども数の減少にもかかわらず，予定子ども数は，1977年以降，一貫して理想子ども数を下回っており，2015年調査では2.01人となっている。そして，理想の子ども数をもたない理由としては，「子育てや教育にお金がかかりすぎる」とした人が調査対象の半数以上を占め，特に妻の年齢が35歳未満の若い層では8割前後が理由としている。

　こうした未婚化・晩婚化を要因とした少子化の背景として，内閣府『令和2年版少子化社会対策白書』では「経済的な不安定さ，出会いの機会の減少，男女の仕事と子育ての両立の難しさ，家事・育児の負担が依然として女性に偏っている状況，子育て中の孤立感や負担感，子育てや教育にかかる費用負担の重さ，年齢や健康上の理由など，個々人の結婚や出産，子育ての希望の実現を阻む様々な要因が複雑に絡み合っている」としている。

（3）人口減少・超高齢社会の到来

　日本の総人口は，2008年の1億2769万人をピークに総人口が減少に転じており，人口減少時代を迎えている。総務省統計局が2021年2月に発表した人口推計によると，2019年10月1日現在の日本の総人口（確定値）は1億2616万7千人であるが，このうち年少人口（0〜14歳までの子ども人口）は1521万人であり，1982年から39年連続の減少で，過去最低となっている。年少人口が総人口に占める割合は12.1％（8.3人に1人が子ども）であり，この年少人口割合は1950年代までは35％程度（3人に1人が子ども）であったが，減少を続けている。

　逆に，高齢者人口（65歳以上の高齢者人口）は3588万5千人で総人口に占める割合は年々増加しており，1997年には高齢者人口割合が年少人口割合を

上回り，2019年では28.4％となっている。

　また，生産年齢人口といわれる15〜64歳人口は，7507万 2 千人で，1950年以降過去最低となっており，生産年齢人口が総人口に占める割合も59.5％と過去最低となっている。

　この状況は世界的に見てどうだろうか。表 2 - 1 は内閣府の『令和 2 年版少子化社会対策白書』で示された世界各国の年少人口，生産年齢人口，高齢者人口が人口に占める割合である。これを見てわかるように日本は世界的にも最も少子高齢化が進展した国であるといえよう。

　そして，今後の見通しを見てみよう。

　国立社会保障・人口問題研究所（2017a）が「日本の将来推計人口（平成29年推計）」として，将来の人口規模や年齢構成等の人口構造の推移を推計しており，その中位推計（出生率，死亡率とも中位として推計したもの）では，日本の総人口は，今後減少を続け，2053年には 1 億人を割って9924万人となり，2065年には8808万人になるとされている。このうち，年少人口は，2056年には1000万人を割り，2065年には898万人となり，総人口に占める割合は，2065年には10.2％となると推計されている。一方，生産年齢人口は，2056年

表 2 - 1　諸外国における年齢（ 3 区分）別人口の割合

国　名	年齢（ 3 区分）別割合（％）		
	0 〜14歳	15〜64歳	65歳以上
世　界	26.2	65.6	8.2
日　本	12.1	59.5	28.4
シンガポール	12.6	78.3	9.0
ドイツ	13.2	65.6	21.2
イタリア	13.7	64.3	21.9
韓　国	13.8	73.4	12.9
ポーランド	14.8	69.4	15.7
スペイン	14.9	66.4	18.6
カナダ	16.0	68.0	16.1
ロシア	16.9	69.6	13.6
スウェーデン	17.3	63.1	19.6
イギリス	17.6	64.5	18.0
中　国	18.1	72.6	9.3
フランス	18.4	62.8	18.9
アメリカ合衆国	19.2	66.1	14.6
アルゼンチン	25.2	64.1	10.7
インド	28.4	65.9	5.6
南アフリカ共和国	29.3	65.7	5.0

資料：United Nations "World Population Prospects 2019"
注：ただし，諸外国は2015年時点の数値，日本は総務省「人口推計」（2019年10月 1 日現在確定値）による。
出典：内閣府（2020）『令和 2 年版少子化社会対策白書』。

には5000万人を割り，2065年には4529万人となる。総人口に占める割合は，2065年には51.4％となる。そして，高齢者人口は，2042年に3935万人でピークを迎え，その後減少し，2065年には3381万人となる。総人口に占める割合は，2065年には38.4％となる。

　このように人口減少・超高齢化が進んでいくことで，社会保障費負担の増加，地域コミュニティの活力低下等，社会全体に大きな影響を及ぼすことが懸念されている。こうしたなか，安心して子どもを産み，育てていける社会環境づくりはこれまで以上に重要になってくる。

2．子育て家庭の現状と問題

（1）核家族と家庭の教育力の低下をめぐって

　1945年の終戦を受け，日本国憲法が1946年11月3日に公布され，1947年5月3日に施行された。この憲法は，基本的人権の尊重が基本的理念の一つとされ，個人の尊厳と両性の本質的平等に立脚したものであった。そして，1947年12月22日，民法親族相続編が全部改正され，翌年1月1日から施行された。この改正により，戦前の直系家族制から，核家族を中心とした家庭理念，規範が唱えられるようになった。その後，高度経済成長期に入り，地域共同体から離れ都市で生活する者を中心として，核家族が日本の家族モデルとして広く浸透することとなった。

　一般的には戦後，三世代家族が減少し，核家族化が進んだとの認識が一般的である。確かに厚生労働省（2019）「国民生活基礎調査」では，18歳未満の児童のいる世帯のうち，核家族世帯が82.5％（このうちひとり親世帯が6.5％），三世代家族が13.3％，その他の世帯が4.2％という状況である。しかし，核家族世帯についてみると，平成18年版少子化社会白書では「実際には核家族世帯は1920（大正9）年の第1回国勢調査時点でも，全世帯の半数を超えており，（中略）実は戦前から『主流派』だった」とあり，戦後，確かに核家族は戦前に比べて，その割合は増えている。

　子育て支援の必要性が語られるとき，都市化，核家族化及び地域における地縁的なつながりの希薄化等による家庭の教育力の低下がその要因とされることが多い。しかし，戦前でも半数を超えていた核家族という家族形態が今日の子育てをめぐる問題状況の要因なのだろうか。

　この「核家族悪者説」のように「今の子育て環境は問題だ，しかし昔の子育て環境は良かった」と短絡的にとらえることはできない。

　逆に三世代家族は無条件に良かったともいえない。三世代家族のメリットとして，子育てについての知識や方法が祖父母の世代から親の世代へと受け

継がれやすいといったメリットもある。しかし，他方で，祖父母世代の子どもへの過保護や祖父母世代と父母世代との葛藤が大きくなるといったデメリットもある。こうしたことから，核家族か三世代家族かという家族形態ではなく，子どもにとって，健やかに育つことができる環境かどうかということが問われるのである。

　さらに，「家庭の教育力の低下」ということ，そのものへの疑義も呈されている。広田（1999）は，戦前の家庭は，階層差や地域差は存在するが，農村でも都市でも多くの親たちは時間的・経済的余裕のなさから子どものことをなおざりにしがちで，しつけや家庭教育に必ずしも十分な注意を払っていたわけではなかったとしている。その反面，この頃は家庭で教育されるより周囲の人間によって教育される割合のほうが大きかったとしている。その上で，現代の子育て状況について，「『家庭の教育力が低下している』のではなく，『子供の教育に関する最終的な責任を家族という単位が一身に引き受けるようになってきたし，引き受けざるを得なくなってきた』」としている。家族のみが子どもの養育の責任をもつということのしんどさ・息苦しさが今日の子育てをめぐる問題状況にあるのである。

（2）問題は「家族の社会的孤立」

　そもそも核家族は人類にとって普遍的なものであり，今日の子育ての問題状況の犯人ではない。家族形態は核家族であったとしても，近居の祖父母世代が親世代と良好な関係にあり，親世代の子育てを支え，近隣の血縁を同じくする親族が互いに支え合い，さらには地域共同体のなかでさまざまな人との支え合いのなかで，周囲からの支援のある環境の下で親自身が親役割を習得していくことができるのである。

　厚生労働省が2015年に行った「人口減少社会に関する意識調査」によると，0歳〜15歳の子どもが1人以上いる人のうち，子育てをしていて負担・不安に思うことがあるかを質問したところ，「とてもある」が28.8％，「どちらかといえばある」が43.6％と7割を超える人が子育てへの負担感・不安感を抱いているという結果となっている。

　それでは，子育ての不安感をどのように対処しているのだろうか。内閣府（2016）「平成27年度少子化社会に関する国際意識調査報告書」では，育児に関する悩みがあるときに誰に相談するかという設問に，日本では，「自分の親又は配偶者の親」が68.5％と最も高く，以下，「配偶者（同棲相手を含む。以下同じ）」（62.5％），「友人」（43.5％）などの順となっている。そして，『平成19年版国民生活白書』では，子育てへの不安感について，地域とのより親密なつきあいのある人の方が少ないということも明らかになっている。

このことからは，現在においても，配偶者・祖父母の支えを中心として，周囲からの支援のある環境は子育てを支援する上で一定の役割を担っていると言ってよい。しかし，近隣に血縁者が存在しない，あるいは存在してもその関係が悪く，支援の役割を担えない，さらに，地域から孤立した家族による孤立した子育てが大きな問題なのである。そして，それは都市部だけの問題ではなく，農村部においても同様である。その意味でも，問題は「核家族」ではなく「核家族の社会的孤立」（家族や地域社会との関係が希薄で，他者との接触がほとんどない状態）なのである。

（3）子育ての孤立感・負担感の解消に向けて
　「ワンオペ育児」という言葉が『2017年ユーキャン新語・流行語大賞』にノミネートされた。これは，共働き世帯，専業主婦世帯といった母親の就労形態を問わず，母親の子育てへの孤立感・負担感が大きくなってきていることを象徴した言葉である。
　近年では日本では，全世帯における夫婦が共働きの世帯の割合も増加する一方で，専業主婦世帯の割合は低下し，1997年以上，共働き世帯が半数以上を占め，2017年には共働き世帯が65％を占めるようになっている。（総務省（2017）「労働力調査」詳細集計）。そして，国民生活基礎調査（2019）によると末子が18歳未満の世帯で母が仕事ありと回答した共働き世帯は74.2％となっている。このうち，末子が3歳未満児の世帯では共働き世帯は57％となっている。ただし，この国民生活基礎調査では，育児休業期間中の人も仕事ありとしているため，実態としては，厚生労働省の地域子育て支援拠点事業についての概要説明資料に示されているように，3歳未満児の6〜7割が家庭にいる。なお，厚生労働省「保育所等関連状況取りまとめ（令和2年4月1日）」によれば，3歳未満児の保育所等利用率は39.7％（このうち，0歳児は16.9％，1・2歳児は50.4％）となっている。
　そして，公益財団法人児童育成協会が2019年に実施した「子育て中の親の外出に関するアンケート調査」では，妊娠中もしくは出産後3年未満の子どもをもつ全国18〜49歳の女性の周囲や世間の人々に対する意識として「社会から隔絶され，自分が孤立しているように感じる」とする設問に「非常にそう思う」が13.5％，「まあそう思う」が27.2％と合わせて40％の母親が孤立感を感じているという結果が示されている。
　次に子育ての負担感について，内閣府（2012）「少子化と夫婦の生活環境に関する意識調査」の結果を見てみよう。子育ての負担感については，「子育てで出費がかさむ」「自分の自由な時間が持てない」「子育てによる身体的疲れが大きい」とした回答の割合がそれぞれ高い結果となっている。また，

男女別では，女性の方が子育ての負担感を感じている状況がみられたとしている。実際，男性が子育てや家事に費やす時間をみると，図 2 - 2 にあるように，2016（平成28）年における日本の 6 歳未満の子どもをもつ夫の家事・育児関連時間は 1 日当たり83分となっており，2011（平成23）年調査に比べて16分増えてはいるが，他の先進国と比較して突出して少ない最低の水準にとどまっている。

　こうしたなか，共働き世帯では，仕事と家事・育児の両立に伴う母親の疲弊感，そのなかでも，専業主婦世帯については，「父は仕事，母は家庭」といった固定化した役割分担のなかで，育児の困難さを一身に背負うことによる母親の負担感が問題点として指摘されている。こうしたことを背景に，「イクメン・プロジェクト」（2010（平成22）年 6 月の改正育児・介護休業法の施行と合わせ，育児を積極的にする男性（「イクメン」）を広めるため開始したプロジェクト）に代表される父親の育児に関する意識改革，啓発普及や，ワーク・ライフ・バランス（仕事と生活の調和）のとれた働き方改革などが求められる。こうした父親の育児参加の促進は非常に大切なことである。しかし，父親・母親のみに子育ての責任を負わせるになってしまっては，ます

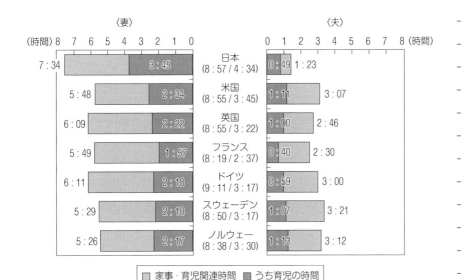

図 2 - 2　6 歳未満の子供を持つ夫婦の家事・育児関連時間（週全体平均）（1 日当たり，国際比較）

　備考：1．総務省「社会生活基本調査」（平成28年），Bureau of Labor Statistics of the U.S. "American Time Use Survey"（2018）及び Eurostat "How Europeans Spend Their Time Everyday Life of Women and Men"（2004）より作成。
　　　　2．日本の値は，「夫婦と子供の世帯」に限定した夫と妻の 1 日当たりの「家事」，「介護・看護」，「育児」及び「買い物」の合計時間（週全体平均）。
　　　　3．国名の下に記載している時間は，左側が「家事・育児関連時間」の夫と妻の時間を合わせた時間。右側が「うち育児の時間」の夫と妻の時間を合わせた時間。
　出典：内閣府男女共同参画局（2020）『令和 2 年版　男女共同参画白書』。

ます「核家族の社会的孤立化」を助長してしまうだろう。

　前述の少子高齢化の急速な進展とあいまって，子どもの時代に自分のきょうだい，いとこなどの親族の子ども，さらに近所の子どもに接すること，そして，幼い子どもの世話をしている大人の姿を見て，その手伝いをするといったことで自然と身につけていた親準備性がますます形成しにくい社会となっている。自分が親になるまで乳幼児の世話をしたことがない，接したこともないということも珍しいことではなくなっており，子どもを産み育てるという準備がほとんどなされないままに親になり，子育てをするということが，育児に対する負担感，不安感を助長している。こうしたことから，親が子どもを育てるという営みを社会全体で支援していくことが大切である。

　そこで，必要なのは「すべての子育て家庭への支援と地域の子育て支援の充実」である。その上で，子育てをめぐっては，子どもの貧困，ひとり親家庭への支援，児童虐待といったさまざまな課題をもつ家族への個別的なかかわりが不可欠である。

3．保護者の第一義的責任を考える＝社会全体で子育てを支える

　児童福祉法第2条第2項で「児童の保護者は，児童を心身ともに健やかに育成することについて第一義的責任を負う」とされている。

　児童福祉法以外にも日本では，教育基本法，児童虐待の防止等に関する法律（児童虐待防止法），次世代育成支援対策推進法，いじめ防止対策推進法といった法律でこの「第一義的責任」という文言が見られ，それぞれ，子どもの養育，教育についての保護者の責務を示している。

　また，「児童の権利に関する条約」（1989年の第44回国連総会採択，1990年に発効。日本は1994年に批准）第18条1の「締約国は，児童の養育及び発達について父母が共同の責任を有するという原則についての認識を確保するために最善の努力を払う。…保護者は，児童の養育及び発達についての第一義的な責任（英語正文では the primary responsibility）を有する。児童の最善の利益は，これらの者の基本的な関心事項となるものとする」とされている。

　ここで注目したいのは，「第」という文字である。この一文字があるかないか，すなわち「一義的」と「第一義的」とはその意味するところが全く違うのである。

　　一義的（Unambiguously definitive）：意味が一種類だけであるさま。

　　第一義的（primary）：まず第一に考えなければならないさま。

　つまり，一義的責任とは「そこにのみ責任がある」ということであり，第一義的責任というのは，「まず第一に責任がある」という意味である。

　保護者にあると定められているは「第一義的な責任（the primary responsibility）」であり，保護者にのみ責任があるという一義的な責任ではないのである。保護者だけに責任があるというのは大間違いであり，保護者のプライマリーに続き，セカンダリーな立場があるということである。

　そのセカンダリーな責任を示すものとして，児童福祉法第 2 条第 2 項「3　国及び地方公共団体は，児童の保護者とともに，児童を心身ともに健やかに育成する責任を負う」がある。

　スポーツに喩えると，子どもの養育は個人競技ではなく，団体競技だといえよう。まず最初に保護者の登場となる。保護者の養育がうまくいけば，喜ばしいこととして，さらに応援していけばよい。しかし，もしも保護者がいないあるいは，保護者の養育がうまくいかないからといって，そこで終了ではない。親族や地域の人々であったり，国や地方公共団体といった公的責任で子どもの養育を担う機関が登場し，保護者とともに，あるいは保護者の次に子どもの養育を担っていくのである。

　人口減少・超高齢社会へと進んでいく日本において，第一義的責任の意味をしっかりと理解した上で，保護者のみに子どもの養育の責任を転嫁する社会であってはいけない。子育て家庭を孤立させることなく，社会全体で子育て家庭を支援していくことを大切にする環境づくりが必要である。

演習問題

1．人口減少・超高齢社会における子育てをどのように支援していけば良いかを考えてみよう。
2．子育て家庭の孤立化を防ぐためにはどのようなことが必要かを考えてみよう。
3．子どもの貧困，ひとり親家庭への支援，児童虐待，その他子どもと家族をめぐる課題を一つ取り上げ，その現状を示した上で，課題解決の方策を考えてみよう。

引用・参考文献

広田照幸（1999）『日本人のしつけは衰退したか』講談社。

公益財団法人児童育成協会（2020）「子育て中の親の外出に関するアンケート調査」
　　https://www.kodomono-shiro.or.jp/cms/wp-content/uploads/2020/04/research2019.pdf

厚生労働省（2015）「人口減少社会に関する意識調査」
　　https://www.mhlw.go.jp/file/04-Houdouhappyou-12601000-Seisakutoukatsukan-Sanjikanshitsu_Shakaihoshoutantou/002_1.pdf

厚生労働省（2019）「2019年国民生活基礎調査の概況」

　　　　https://www.mhlw.go.jp/toukei/saikin/hw/k-tyosa/k-tyosa19/dl/02.pdf

国立社会保障・人口問題研究所（2017a）「日本の将来推計人口（平成29年推計）」

　　　　http://www.ipss.go.jp/pp-zenkoku/j/zenkoku2017/pp29_gaiyou.pdf

国立社会保障・人口問題研究所（2017b）「現代日本の結婚と出産——第15回出生

　　　動向基本調査（独身者調査ならびに夫婦調査）報告書」

　　　　http://www.ipss.go.jp/ps-doukou/j/doukou15/NFS15_reportALL.pdf

国立社会保障・人口問題研究所（2020）「人口統計資料集2020」

　　　　http://www.ipss.go.jp/syoushika/tohkei/Popular/Popular2020.asp?chap=0

総務省（2017）「労働力調査」詳細集計

　　　　https://www.stat.go.jp/data/roudou/rireki/nen/dt/pdf/2017.pdf

総務省統計局（2021）「人口推計　2021年（令和3年）2月報」

　　　　https://www.stat.go.jp/data/jinsui/pdf/202102.pdf

内閣府（2006）『平成18年版少子化社会対策白書』

　　　　https://www8.cao.go.jp/shoushi/shoushika/whitepaper/measures/w-2006/18

　　　　webhonpen/index.html

内閣府（2016）「平成27年度少子化社会に関する国際意識調査報告書」

　　　　https://www8.cao.go.jp/shoushi/shoushika/research/h27/zentai-pdf/

内閣府（2020）『令和2年版少子化社会対策白書』

　　　　https://www8.cao.go.jp/shoushi/shoushika/whitepaper/measures/w-2020/r0

　　　　2pdfhonpen/r02honpen.html

内閣府男女共同参画局（2020）『令和2年版　男女共同参画白書』

　　　　https://www.gender.go.jp/about_danjo/whitepaper/r02/zentai/index.html

　　　　　　　　　　　　　　　　　　　　　　　　　　　　　　（山本智也）

「子どもの貧困」を考える

2008年に毎日新聞が取り上げた「無保険の子」問題は，国民皆保険を当たり前のものとしてきた私たちに衝撃を与えた。保健室で「保険証ないねん。先生，湿布くれ」という子ども。一連のキャンペーンは2009年度新聞協会賞（編集部門）を受賞した。時を同じくして浅井ら編（2008）や阿部（2008）が出版され，「子どもの貧困」は解決すべき社会問題として認知されるようになった。

その後も「歯科にかかれず口腔崩壊を起こしている子ども」「学校給食で一日の大半の栄養を摂っていて，給食のない夏休み明けにはやせ細っている子ども」「奨学金（事実上の教育ローン）を受けないと高等教育機関に進学できない高校生」など，さまざまな切り口で「子どもの貧困」が語られ，社会に共有されていった。無料の学習支援や子ども食堂そして夏休み中の居場所づくりなど，子どもたちを支える市民活動も活発である。

ところで，「子どもの貧困」とは，「子どもの問題」なのだろうか。深刻な虐待（これはこれで重大な社会問題であるし，根本で貧困問題とつながっている）を除き，一家のなかで子どもだけが貧困状態ということはあり得ない。「子どもの貧困」とは「子育て世帯の貧困」なのではないか。

実際，いま子育て真っ最中である30代の親たちはバブルのころはまだ子どもで，景気の良い時代を過ごしたことがない。たとえば2021年に35歳となる人は大学卒業時にはリーマンショックがあり凄まじい就職氷河期を経験している。現在高校生や大学生の子どもを抱えているであろう40代後半から50代前半の年齢層は，社会に出たとたんに「失われた30年」が始まっている。いま子育て中の多くの世帯は，労働環境が不安定で先の見通しがもてない状況にある。子育て世代は「困窮世代」でもあるのだ。

日本はいわゆる「ロストジェネレーション（現在の40代半ばを中心とする世代で，多くが就職難に直面した）」問題を放置し，「第三次ベビーブーム」を迎えることなく少子化の一途をたどっている。ロストジェネレーションへの支援がせめて10年前におこなわれていたら，いまの私たちの暮らしも，日本の将来も変わっていたかもしれない。現在の30代にも同じことがいえる。親への支援なくして，「子どもの貧困」が解決されるはずもない。そのような世の中に，希望がもてるだろうか。

私たちは貧困問題を「子ども」に焦点化したことで社会の「子どもに責任はない」という合意を取り付け，支援につなげることができた。しかし，貧困状態の親にだって「責任はない」のである。「子どもの問題」に見える問題も実は親世代の労働問題ともつながっているのだ。責任のあるなしをあら探しする世の中よりも，安心して暮らせる社会を志向したい。

参考文献

浅井春夫・松本伊智朗・湯澤直美編（2008）『子どもの貧困』明石書店。

阿部彩（2008）『子どもの貧困』岩波新書。

阿部彩（2014）『子どもの貧困Ⅱ』岩波新書。

雨宮処凛編（2020）『ロスジェネのすべて』あけび書房。

埋橋・矢野編（2015）『子どもの貧困/不利/困難を考える（全3巻）』ミネルヴァ書房。

平野光芳（2011）「『無保険の子』と現代の貧困」『公衆衛生』75巻3号　医学書院。

兵庫県保険医協会（2017）『口から見える貧困』クリエイツかもがわ。

松本伊智朗編集代表（2019）『シリーズ子どもの貧困（全5巻）』明石書店。

（松木宏史）

第3章　子育て家庭に対する支援の実施体制

　　子育て支援・子育ち支援を含む子ども家庭福祉に関する実践は，①実践の枠組みとなる法制度，②実践を担う組織，③組織の機能や福祉実践を具現化する人材の三者によって総合的・体系的に展開されている。本章では，子ども家庭福祉行政の仕組み，具体的には，国や地方公共団体の役割，援助活動を担う児童相談所や児童福祉施設の役割を述べるとともに，子育て支援施策としての要保護児童施策やひとり親支援施策，母子保健施策の概要について学ぶ。

1．子ども家庭福祉行政の仕組み

　　児童福祉法第2条第2項は，「児童の保護者は，児童を心身ともに健やかに育成することについて第一義的責任を負う」と規定し，さらに同法第2条第3項は，「国及び地方公共団体は，児童の保護者とともに，児童を健やかに育成する責任を負う」と規定している。第2項は，子どもに対する保護者の健全育成責任について規定しているが，第3項は，国及び地方公共団体についても保護者とのパートナーシップのもとに，すべての子どもを健全に育成する責任があるとしている。国や地方公共団体によって，子ども家庭福祉のための種々の施策が推進されているが，これには第3項の規定が根拠になっているといえる。以下，国，地方公共団体の具体的な役割について述べる。

（1）国の役割

　　国は，子ども家庭福祉行政全般についての企画立案や調整，指導，助言，事業に要する費用の予算措置など，中枢的な機能を担っており，主として厚生労働省子ども家庭局が所管している。ただ，子ども・子育て支援のための基本的な政策や，子ども・子育て支援給付など子ども・子育て支援法に基づく事務は，内閣府子ども・子育て本部が所管している。また，認定こども園は内閣府が，保育所は厚生労働省が，幼稚園は文部科学省が所管している。

（2）都道府県の役割

　　都道府県は，市町村を包括する広域の地方公共団体であり，広域にわたる事務，市町村間の連絡調整などの事務をおこなっているが，子ども家庭福祉の領域では，児童福祉施設の認可及び指導監督，児童相談所や保健所の設

置・運営のほか，市町村による子育て支援活動等の業務に関する市町村間の連絡調整，市町村に対する技術的支援などの業務をおこなっている。

　なお，指定都市は，都道府県とほぼ同様の権限をもって子ども家庭福祉に関する事務を処理している。また，中核市（人口規模等一定の要件を満たす市）についても，児童福祉施設の設置認可など，一部の子ども家庭福祉行政について都道府県と同様の事務をおこなっている。

（3）市町村の役割

　市町村は，基礎的な自治体として，地域住民に密着した行政事務をおこなっている。子ども家庭福祉の領域では，保育所の設置や保育の実施，母子保健や各種子育て支援のための事業（子育て短期支援事業，乳児家庭全戸訪問事業，地域子育て支援拠点事業，一時預かり事業など）を実施している。また，2004（平成16）年の児童福祉法改正により，市町村は子ども家庭に関する相談の一義的窓口として位置づけられるとともに，被虐待児などの要保護児童の通告先として位置づけられた。さらに，2013（平成25）年に制定された「子ども・子育て関連3法」では，市町村が子ども・子育て支援新制度の実施主体として位置づけられ，2016（平成28）年の児童福祉法改正では，子どもや妊産婦の福祉に関し，実情の把握，情報の提供，相談，調査，指導，関係機関との連絡調整などの支援をおこなう拠点（子ども家庭総合支援拠点）の整備に努めることとされた。

　このように，わが国の子ども家庭福祉行政は国，都道府県（指定都市），市町村の3層構造で総合的に推進されている。

2．児童相談所における相談援助活動

　児童相談所は，児童福祉法に規定されている子ども家庭福祉の第一線の専門機関であり行政機関である。

（1）設　置

　児童福祉法に基づき都道府県，政令指定都市に設置が義務づけられている。また，特別区や中核市などにも設置することが可能とされている。2021（令和3）年4月1日現在の設置数は225か所となっている。

（2）業　務

　児童相談所は，18歳未満の子どもの福祉に関するあらゆる相談に対応しているが，2004（平成16）年の児童福祉法改正により，市町村が相談の一義的

な窓口として位置づけられ，児童相談所はより高度な専門的な知識・技術が必要な相談に対応することとされた。

　主な業務としては，① 専門的な知識・技術を必要とする相談への対応，② 調査及び判定，③ 指導，④ 子どもの一時保護，⑤ 里親委託及び里親支援，⑥ 施設入所等の措置，⑦ 市町村相互間の調整，市町村への情報提供等，⑧ 市町村への助言などである。

（3）職　員
　児童福祉法等の規定により，児童相談所には下記の専門職を配置することとされている。

　① 児童福祉司，② 児童心理司，③ 相談員，④ 医師又は保健師，⑤ 弁護士，⑥ 心理療法担当職員，⑦ 指導・教育をおこなう児童福祉司（児童福祉司スーパーバイザー），⑧ 指導・教育をおこなう児童心理司（児童心理司スーパーバイザー）など。児童相談所長，児童福祉司，児童心理司は，児童福祉法によりそれぞれ任用資格が規定されている。また，児童相談所長及び児童福祉司は厚生労働大臣が定める基準に適合する研修を受ける義務がある。なお，指導・教育をおこなう児童福祉司（スーパーバイザー）は概ね5年以上勤務した者で，厚生労働大臣が定める基準に適合する研修の課程を修了した者とされている。児童福祉司などの配置基準は，政令で定める基準を参考にして都道府県が定めることになっている。

（4）相談援助活動の概要
　図3-1は，児童相談所における援助活動の体系を示したものである。

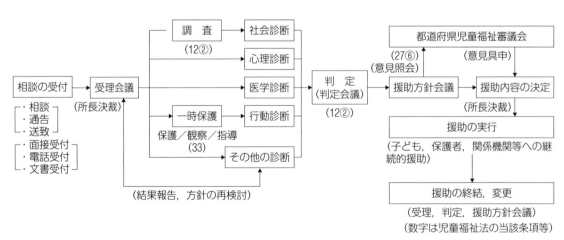

図3-1　児童相談所における相談援助活動の体系・展開
出典：厚労省 HP「児童相談所の運営指針について」。

表 3-1　児童相談所における援助内容

援　　助	
1　在宅指導等 （1）措置によらない指導（12②） 　　ア　助言指導 　　イ　継続指導 　　ウ　他機関あっせん （2）措置による指導 　　ア　児童福祉司指導（26①Ⅱ，27①Ⅱ） 　　イ　児童委員指導（26①Ⅱ，27①Ⅱ） 　　ウ　市町村指導（26①Ⅱ，27①Ⅱ） 　　エ　児童家庭支援センター指導（26①Ⅱ，27①Ⅱ） 　　オ　知的障害者福祉司，社会福祉主事指導 　　　　（26①Ⅱ，27①Ⅱ） 　　カ　障害児相談支援事業を行う者の指導 　　　　（26①Ⅱ，27①Ⅱ） 　　キ　指導の委託（26①Ⅱ，27①Ⅱ） （3）訓戒，誓約措置（27①Ⅱ）	2　児童福祉施設入所措置（27①Ⅲ） 　　指定医療機関委託（27②） 3　里親，小規模住居型児童養育事業委託措置 　　（27①Ⅲ） 4　児童自立生活援助の実施（33の6①） 5　福祉事務所送致，通知（26①Ⅲ，63の4，63の5） 　　都道府県知事，市町村長報告，通知 　　（26①Ⅳ，Ⅴ，Ⅵ，Ⅶ） 6　家庭裁判所送致（27①Ⅳ，27の3） 7　家庭裁判所への家事審判の申立て 　　ア　施設入所の承認（28①②） 　　イ　特別養子縁組適格の確認の請求 　　　　（33の6の2①） 　　ウ　親権喪失等の審判の請求又は取消しの請求 　　　　（33の7） 　　エ　後見人選任の請求（33の8） 　　オ　後見人解任の請求（33の9）

（数字は児童福祉法の当該条項等）

出典：厚労省 HP「児童相談所の運営指針について」。

①　相談の受理

　児童相談所は，子どもの福祉に関するさまざまな問題について，家庭その他からの相談を受け付けるほか，地域住民や関係機関からの通告，市町村や家庭裁判所等からの送致を受け，援助活動を展開する。児童相談所では，受け付けた相談について受理会議において主たる担当者や当面の対応の仕方などについて協議する。

②　調査，診断，判定

　調査は，子どもや家庭の状況などを知り，それによってどのような援助が必要であるかを判断するためにおこなわれる。虐待事例では調査について保護者の協力が得られない場合，子どもの居所などへの立入調査や臨検・捜索をおこなうことができる。調査結果を踏まえ，児童福祉司は社会診断を，児童心理司は心理診断を，医師は医学診断を，一時保護部門の職員は行動診断を立て，これらの診断を元に総合診断を立てる。この総合診断を「判定」と呼ぶ。

③　援　　助

　判定結果を踏まえ，援助方針会議において正式に援助方針を決定する。援助内容は，表 3-1 のとおり多様である。

④ 一時保護

　児童相談所は，子どもの安全を迅速に確保し，また，心身の状況や子どもの置かれた環境など把握するため，必要に応じて子どもを一時保護する。一時保護は，児童相談所付設の一時保護所に入所させるか，児童福祉施設や医療機関などに委託しておこなう。一時保護は子どもや保護者の同意を得ておこなうことが原則であるが，安全確保等が必要な場合はこれらの同意がなくても可能とされている。一時保護期間は2か月を超えることはできず，2か月を超える場合は家庭裁判所による承認が必要とされている。

⑤ 里親への支援

　里親についての普及啓発・相談・情報提供・研修，および里親の選定，里親と児童間の調整，養子となる子どもとその父母，養親や養親となる者等への相談・情報提供・助言等の援助（フォスタリング）をおこなう。

（5）児童相談所をめぐる動向と課題

　児童相談所における虐待相談は，児童虐待防止法が施行された2000（平成12）年には1万7725件であったが，2019（令和元）年には19万3780件と急増しているが，これに対応する児童福祉司の数は2000（平成12）年は1,313人，2018（平成30）年は3252人と約2.5倍にしか増えておらず，年々業務負担が増している。政府は2016（平成28）年から2019年度を計画期間とする「児童相談所強化プラン」に沿って児童福祉司の増員に努めているが，さらに2018（平成30）年7月には2022年までに児童福祉司を2000人増加させると公表した。それでも先進国と比較して児童福祉司1人当たりの担当ケース数は格段に多くなる（才村，2003）。

　さらに，一般行政職が児童福祉司に任用されるケースも少なくなく，異動サイクルが短く，組織内において専門性が蓄積されない構造となっている。業務量や業務内容に見合った職員配置とするとともに，専門職を積極的に配置するなど専門性の強化を図る必要がある。

3．要保護児童施策と児童福祉施設

（1）要保護児童施策とは

　児童福祉法第6条の3第8号は，要保護児童について「保護者のない児童又は保護者に監護させることが不適当であると認められる児童」と規定している。保護者のない児童とは，たとえば保護者が死亡，失踪したりした児童であり，保護者に監護させることが不適当であると認められる児童とは，保

護者に虐待されている児童，保護者が長期に亘る疾病などで必要な監護を受けることができない児童などである。さらに，不良行為のある児童や不良行為をするおそれのある児童，家庭環境などの理由から生活指導等を必要とする児童なども要保護児童に含まれる。

　これらの子どもたちのための施策が「要保護児童施策」であるが，「1.子ども家庭福祉行政の仕組み」で述べたように，児童福祉法第2条第3項はすべての子どもの健全育成責任を国や地方公共団体に課しており，この規定を根拠として要保護児童施策が展開されている。具体的には児童相談所による施設入所措置や里親委託，児童福祉司等による指導をはじめ，市町村による支援などがある。このように要保護児童施策は幅広いが，特に家庭での養育が困難であったり不適切な子どもについては，里親や児童養護施設や乳児院などの児童福祉施設等が保護者に代わって子どもの養育を担っている。これら保護者に代わっておこなわれる子どもの養育形態を「社会的養護」という。

（2）家庭的養育の原則

　わが国では長年，社会的養護を必要とする子どもたちの約9割が施設養護の元に置かれてきた。2016（平成28）年の児童福祉法改正では，まず子どもが社会的養護の元に置かれなくて済むように行政が保護者を支援し，これが困難であったり重度の虐待がおこなわれているなど保護者による監護が困難であるか不適当な場合などは，まず家庭と同様の環境つまり里親やファミリーホームなどで子どもを養育することとしている。さらに，これが困難な場合は，その形態や機能が家庭に近いグループホームや施設での小規模グループケアなど家庭的な環境で養育することとされた（図3-2参照）。

　その背景には，①「児童は原則，家庭環境が与えられること」，②「施設養護は段階的に廃止，脱施設化を進めていくこと」，③「施設への入所は，必要に応じたごく限られたケースのみとすること」と定めている国連の「児童の代替的養護に関する指針」（2009年策定）をはじめ，わが国は従前より国連の子どもの権利委員会から社会的養護における施設偏重の是正を勧告されてきた事実などがある。

（3）里　親

　里親とは，①要保護児童の養育を希望する者のうち，養育里親名簿に登録されたもの（養育里親），②要保護児童の養育を希望する者及び養子縁組によって養親となることを希望する者のうち，

家庭での養育に向けた保護者支援

困難・不適当

家庭と同様の養育環境での養育
（里親，ファミリーホーム）

困難

良好な家庭的環境における養育
（小規模グループケア，グループホーム）

図3-2　児童福祉法における家庭的養育の原則

出典：筆者作成。

養子縁組里親名簿に登録された者（養子縁組里親），③要保護児童の父母以外の三親等内の親族であって，当該要保護児童の養育を希望する者のうち，都道府県知事が児童を委託する者として適当と認めるもの（親族里親）をいう。なお，養育里親のうち，被虐待児や非行のある子ども，障害のある子どもなど，特に濃密な家庭的援助を必要とする子どもを養育する里親を「専門里親」という。

　里親は，家庭での養育に欠ける子どもに温かい愛情と正しい理解をもった家庭を与えることにより，その健全な育成を図るための制度である。里親による養育のあり方については，「里親が行う養育に関する最低基準」（厚生労働省令）を遵守することとされている。

（4）児童福祉施設

　社会的養護を担う児童福祉施設には，児童養護施設，乳児院，児童心理治療施設，児童自立支援施設などがあり，児童相談所が入所措置をとる。障害児入所施設は基本的には契約による入所となるが，被虐待児などについては児童相談所が入所措置をとる場合もある。以下，主な社会的養護を担う施設の概要について述べる。

① 児童養護施設

　環境上養護を必要とする子どもを入所させて養護するとともに，退所した人たちの相談や自立のための援助をおこなう施設である。乳児を除くが，たとえばきょうだいで年齢を理由に別々の施設に入所することを防ぐ場合など，特に必要のある場合は乳児の入所も可能とされている。

② 乳 児 院

　乳児を入所させて養育するとともに，退所した人に対し相談その他の援助をおこなう施設である。たとえば，乳児院に入所しても年齢を理由にすぐに児童養護施設に移る必要性がある場合など，特に必要のある場合には幼児の入所も可能である。

③ 児童心理治療施設

　軽度の情緒障害のある子どもを短期間（おおむね3か月）入所させるか保護者のもとから通わせて心理，医学，生活面での援助をおこなうとともに，退所した人たちの相談や自立のための援助をおこなう施設である。

④　児童自立支援施設

　不良行為のある子どもや不良行為をするおそれのある子ども，環境上の理由から生活指導などが必要な子どもを入所させるか，保護者のもとから通わせて必要な指導と自立支援をおこなうとともに，退所した人に対し相談その他の援助をおこなう施設である。

　なお，児童福祉施設の設備や運営の基準は，「児童福祉施設の設備及び運営に関する基準」（厚生労働省令）に従い，都道府県が条例で定めることとされている。

（5）要保護児童施策の動向と課題

　上述したように，2016（平成28）年の児童福祉法改正により，家庭的養育の原則が明確化され，家庭での養育が困難・不適切な場合は可能な限り里親など家庭に近い環境での養育をおこなうこととされた。また，2017（平成29）年には厚生労働省の検討会から「新しい社会的養育ビジョン」が公表され，施設養育から里親養育へのシフトの必要性が一層強調されている。わが国は長年大舎制の施設養育に偏重してきたが，今後は里親養育を必要としている子どもたちに門戸が開放されたことは歓迎すべきことである。しかし，重篤な心理・行動面での課題を有するなど里親家庭での養育が困難な子どもたち少なくない。これらの子どもたちに対し高度な専門的支援ができるような体制強化が不可欠である。里親の必要性が強調されるあまり，施設での養育体制の確保がおろそかになることは避けなければならない。

　また，里親養育が真に子どもの福祉を保障できるかどうかはひとえに里親への支援にかかっている。しかし，里親への支援を主として担う児童相談所は虐待対応に追われ，里親支援を十分におこなう余裕はない。バックアップ体制なき里親委託は，里親による虐待や里親間のたらい回しなどの悲劇を生むことを忘れてはならない。

4．ひとり親支援

（1）ひとり親家庭の状況と課題

　厚生労働省が5年に1度実施している「全国母子世帯等調査」によれば，ひとり親世帯になった理由は，母子世帯，父子世帯とも死別の割合が大幅に減り，生別とりわけ離婚の増加が著しくなっている。たとえば，1977（昭和52）年には死別が36.1％，生別が63.9％であったが，2016（平成28）年には死別が8.0％，生別が91.1％となっている。

　2016年の同調査によれば，ひとり親世帯になった時の末子の年齢は，母子

家庭では4.3歳，父子家庭では6.1歳と低く，子育ての負担が大きいことを伺わせる。母子家庭の母親の８割以上が就労しているが，常用雇用者は４割程度にとどまっている。このため，母子世帯における収入は年額348万円であり，子どものいる一般世帯の収入707万円と比較して大きな格差がある。一方，父子家庭の父では常用雇用者の割合は約７割となっているが，平均世帯年収は573万円であり，児童のいる一般世帯の平均年収と比べると少なくなっている。

　ひとり親家庭における親の悩みで最も多いのは，母子家庭，父子家庭とも子どもの「教育・進学」で，それぞれ58.7%，51.8%となっており，次いで「しつけ」で，それぞれ13.1%，16.5%となっている。ひとり親本人が困っていることで最も多いのは，母子家庭，父子家庭とも「家計」で，それぞれ50.4%，36.5%と，多くのひとり親が経済的な問題で困っている。

　このようにひとり親は，生計の維持と子どもの養育といった責任を一人で果たさなければならず，社会的，経済的，精神的に不安定な状況に置かれやすい。

　このため，ひとり親家庭における子どもの健全な育成を図るため，「母子及び父子並びに寡婦福祉法」を中心にさまざまな支援策が講じられている。従前，ひとり親家庭への支援は母子家庭が中心であったが，父子家庭においても，社会的，経済的，精神的に不安定な状況に置かれる場合が少なくないことから，2014（平成26）年には，「母子及び寡婦福祉法」の名称が現行名称に改められるとともに，父子家庭に対する支援策の拡充が図られるなど，父子家庭を視野に入れた施策も進められている。

（2）ひとり親家庭への支援サービス

① 子育て・生活支援

　母子・父子自立支援員による相談支援をはじめ，ヘルパー派遣，保育所等の優先入所，学習支援ボランティア派遣等による子どもへの支援，母子生活支援施設の機能強化などが図られている。

　母子生活支援施設は，ドメスティック・バイオレンス（DV）や経済的な事情などさまざまな問題から生活の維持や子どもの養育に困難を抱える母子が入所し，保護や自立のために必要な支援を受けることで自立に備える児童福祉施設である。

② 就業支援

　母子・父子自立支援プログラムの策定やハローワーク等との連携による就業支援の推進，母子家庭等就業・自立支援センター事業の推進，能力開発等

のための給付金の支給などが実施されている。

③　養育費確保支援

　養育費相談支援センター事業の推進をはじめ，母子家庭等就業・自立支援センター等における養育費相談の推進，「養育費の手引き」やリーフレットの配布などがおこなわれている。

④　経済的支援

　児童扶養手当の支給，母子父子寡婦福祉資金の貸付制度などがある。

（3）ひとり親支援の動向と課題

①　ひとり親施策の枠を超えた総合的な社会的支援の充実

　ひとり親は，家計の維持と子育てという責任を一人で果たしていかなければならない。しかし，子育てに伴う時間的制約により，安定した常用雇用に結びつきにくく，その所得は一般世帯に比して著しく低くなっている。親子それぞれの精神的な安定と豊かな関係を実現するとともに，貧困の連鎖を防ぐためにも，ひとり親施策という枠を超え，社会的包摂（ソーシャル・インクルージョン），男女共同参画，ワーク・ライフ・バランスという観点からの総合的な社会的支援の充実が必要である。

②　DV 対策の強化

　子どもへの虐待と同様，ドメスティック・バイオレンス（DV）の問題も深刻化しつつあり，母子生活支援施設や婦人保護施設，民間シェルターなどへの入所も急増している。内閣府男女共同参画局の調査によれば，全国の配偶者暴力相談支援センターが扱った DV 相談の件数は，2002（平成14）年度は 3 万5943件であったのに対し，2019（令和元）年度には11万9,276件となっている。2001（平成13）年には「配偶者からの暴力の防止及び被害者の保護等に関する法律」が制定され，その後改正がおこなわれるなど DV 対策の充実が図られつつあるが，被害を受けた女性や子どもの心のケアや加害者への心理的アプローチについては未だ緒についたばかりである。積極的な実践と，そこから得られた知見を関係者間で共有するなど，援助手法の確立が急がれる。

5. 母子保健施策

（1）母子保健施策とは

　「母子保健は生涯を通じた健康の出発点であり，次世代を健やかに育てるための基礎となるもの」である（「健やか親子21」より）。わが国の母子保健サービスは，新生児や妊産婦の死亡率の低下を図るともに，栄養不足による発育不良と感染症の予防を主な目的とした時代から，少子社会を迎えるなかで，すべての子どもの心身の健やかな育ちを目指す時代へと大きく転換しつつある。

（2）母子保健施策の実施体制

　母子保健施策には，保健所，市町村保健センター，母子保健センター，医療機関など多くの機関がかかわっている。1965（昭和40）年に制定された母子保健法により，母子の医療，健康診査，予防接種，保健指導などの施策は都道府県等が設置する保健所が主体となって提供されていたが，1994（平成6）年の同法の改正により，これらの施策は住民に身近な自治体である市町村が設置する市町村保健センターにおいて実施することとされた（1997（平成9）年より完全実施）。

　また，2016（平成28）年にも同法が改正され，妊娠期から子育て期までの切れ目のない支援を包括的に提供する「子育て世代包括支援センター」の設置が市町村の努力義務とされた。

（3）母子保健施策の概要

　図3-3は，主な母子保健施策をまとめたものである。母子保健施策は，健康診査等，保健指導等，医療対策等，その他に大別されるが，以下，主なものについて概説する。

① 健康診査等
〈妊産婦健康診査〉

　母体と胎児の健康診査を通じて，それぞれの障害を防止するとともに，流産・早産，妊娠中毒症，未熟児出生を防止するものである。2009（平成21）年度から，妊娠中14回まで原則として無料で受診できるが，市町村により異なる場合もある。

〈乳幼児健康診査〉

　「乳児健康診査」や「1歳6か月児健康診査」，「3歳児健康診査」などが

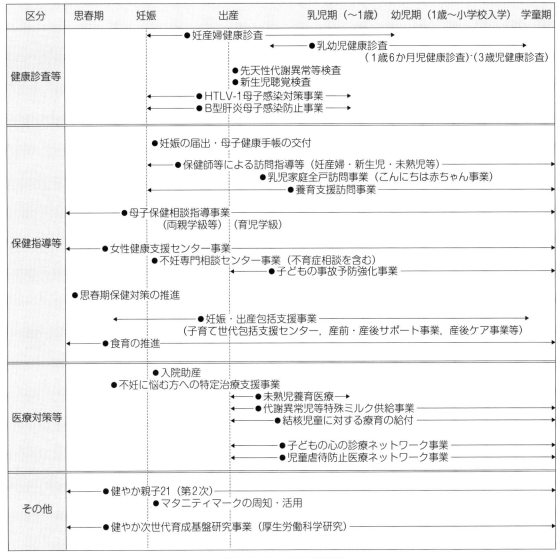

区分	思春期	妊娠	出産	乳児期（～1歳）	幼児期（1歳～小学校入学）	学童期

図 3 - 3　主な母子保健施策

出典：厚生労働省編（2017）『平成29年版厚生労働白書』資料編，192頁。

ある。これらの健康診査や「新生児・未熟児訪問指導」の結果，必要が認め
られる母子には医師・保健師・助産師等が保健指導をおこなう。

② 保健指導等
〈妊娠の届出・母子健康手帳の交付〉
　妊娠が確定すれば妊娠届を市区町村に届け出ることになるが，これと引き
換えに母子健康手帳が交付される。
〈保健師等による訪問指導等〉

妊産婦や新生児，未熟児のいる家庭を保健師等が訪問して必要な指導をおこなう「妊産婦訪問指導」，「新生児訪問指導」，「未熟児訪問指導」がある。また，保健師や助産師などが生後4か月までの乳児にいるすべての家庭を訪問し，必要な情報提供やサービス紹介などをおこなう「乳児家庭全戸訪問事業（こんにちは赤ちゃん事業）」，養育支援が特に必要と判断された家庭を保健師・助産師・保育士などが訪問し，指導・助言などをおこなう「養育支援訪問事業」などがある。

〈母子保健相談指導事業〉

妊娠・出産・子育てなどに関する講習会や相談指導などを通じて母子保健に関する知識の普及を図っている。

〈その他〉

保健師等による婦人科的疾患及び更年期障害，出産についての悩み，不妊等，女性の健康に関する相談指導をおこなう「女性健康支援センター事業」のほか，食を通じた子どもの健全育成を推進する食育の推進をおこなっている。

④ 医療対策等

障害のある子どもが生活能力を得るために必要な医療費の給付をおこなう「自立支援医療費給付」，未熟児の指定養育医療機関への入院・養育をおこなう「未熟児養育医療給付」，長期入院治療を要する結核に罹患している子どもに対する療育である「療育医療給付」，悪性新生物・慢性腎疾患・ぜんそく等の罹患児への支援である「小児慢性特定疾病医療費助成制度」，身体の機能に障害のある子どもの早期発見・早期治療をおこなう「療育相談事業」などがある。

（4）母子保健サービスの動向と課題

都市化，核家族化が進行するなか，子育て家庭が孤立するなど子育て環境は厳しさを増している。このため，妊産婦から乳幼児に至るまでの包括的な保健対策が求められるが，特に子育て不安など子育てに困難を感じる親に寄り添う支援が課題となる。これらの親のなかには自らサービスにアクセスすることが苦手な者も少ないことから，これからはアウトリーチ（訪問）による支援を積極的におこなうことが重要となる。

また，虐待問題が深刻化するなか，その発生予防策が喫緊の課題となっている。国の調査（社会保障審議会児童部会虐待等要保護事例の検証に関する専門委員会，2020）では，虐待で死亡する子ども（心中を除く）の約半数が生後1年以内で死亡していることが明らかになっている。その多くは予期しない妊

娠や飛び込み出産など，妊娠期からすでに困難な課題を抱えている。このため，妊娠期から乳幼児に至るまでの切れ目のない支援が強く求められる。さらに，虐待の発生を予防するには，保健，福祉，医療等さまざまな機関による連携が不可欠であり，そのためには要保護児童対策地域協議会を活用するなど，日頃からの関係機関同士のネットワークづくりが重要となる。

> **演習問題**
>
> 1．子ども家庭福祉の実施体制について整理してみよう。
> 2．児童相談所における業務内容，業務の流れ，課題についてまとめてみよう。
> 3．要保護児童施策，ひとり親施策，母子保健施策をめぐる国の動向と課題について整理してみよう。

引用・参考文献

新たな社会的養育の在り方に関する検討会（2017）『新しい社会的養育ビジョン』。
厚生労働省（2017）『平成28年度全国母子世帯等調査結果報告書』。
厚生労働省編（2017）『平成29年版厚生労働白書』資料編。
国立保健医療科学院（2012）『母子健康手帳の交付・活用の手引き』（平成23年度厚生労働科学研究費補助金（成育疾患克服等次世代育成基板研究事業））。
才村純ほか（2003）「児童相談所の海外の動向を含めた実施体制のあり方」『児童福祉分野における職員の専門性及びその国際比較に関する研究』（主任研究者：高橋重宏），平成14年度厚生労働科学研究報告書5/7。
社会保障審議会児童部会虐待等要保護事例の検証に関する専門委員会（2020）『子ども虐待による死亡事例等の検証結果等について　第16次報告書』。

（才村　純）

第4章 次世代育成支援の推進と 子ども家庭支援・子育て支援施策

　本章では，次世代育成支援の推進について解説するともに，子ども・子育て支援新制度，地域子ども・子育て支援事業について学ぶ。

1．次世代育成支援の推進

　厚生労働省は，「少子化社会を考える懇談会」の「子どもを育てたい，育てて良かったと思える社会をつくる～いのちを愛おしむ社会へ～（中間とりまとめ）」(2002) のなかで，少子化社会への対応を一層進めていくために必要なこととして「保育などこれまで行ってきた対策に加えて，男性を含めた働き方の見直し，地域における子育て支援，社会保障における次世代支援，若い世代の自立支援など，比較的力を入れてこなかった分野にも重点を置いていく」と述べている。

　その後，厚生労働省は「少子化対策プラスワン」(2002) において，「『夫婦出生力の低下』という新たな現象を踏まえ，少子化の流れを変えるため，少子化対策推進基本方針の下で，もう一段の少子化対策を推進」することと，「『子育てと仕事の両立支援』が中心であった従前の対策に加え，『男性を含めた働き方の見直し』など4つの柱に沿った対策を総合的かつ計画的に推進」することを基本的考え方として示している。その4つの柱は以下のとおりである。

① 男性を含めた働き方の見直し
② 地域における子育て支援
③ 社会保障における次世代支援
④ 子どもの社会性の向上や自立の促進

　この4つの柱に沿って，国は，少子化対策の具体的検討をおこなうために「少子化対策推進本部」を厚生労働省に設置し，少子化対策をもう一段推進し，対策の基本的な取り組みなどの立法措置を視野に入れた検討をおこなうことになった。

　その後，2003（平成15）年に「次世代育成支援対策推進法」が公布され，2005（平成17）年から施行されている。

　この法律の基本理念では，「次世代育成支援対策は，保護者が子育てについての第一義的な責任を有するという基本的認識の下に，家庭その他の場において，子育ての意義についての理解が深められ，かつ，子育てに伴う喜びが実感されるように配慮して行われなければならないこととする」と示されている。

　行動計画として，国が「基本理念にのっとり，地方公共団体及び事業主が行動計画を策定するに当たって拠るべき指針を策定する」ことになっている。

　地方公共団体は，国の行動計画策定指針に即して，「地域における子育て支援，親子の健康の確保，教育環境の整備，子育て家庭に適した居住環境の確保，仕事と家庭の両立等について，目標，目標達成のために講ずる措置の内容等を記載した行動計画を策定すること」となっている。

　その結果，事業主が一般事業主行動計画を策定し，国及び地方公共団体は特定事業主行動計画を策定・公表することとなり，具体的行動を呼びかけた一歩踏み込んだ内容となった。

　そして，市町村行動計画及び都道府県行動計画策定における基本的な視点として，①子どもの視点，②次代の親づくりという視点，③サービス利用

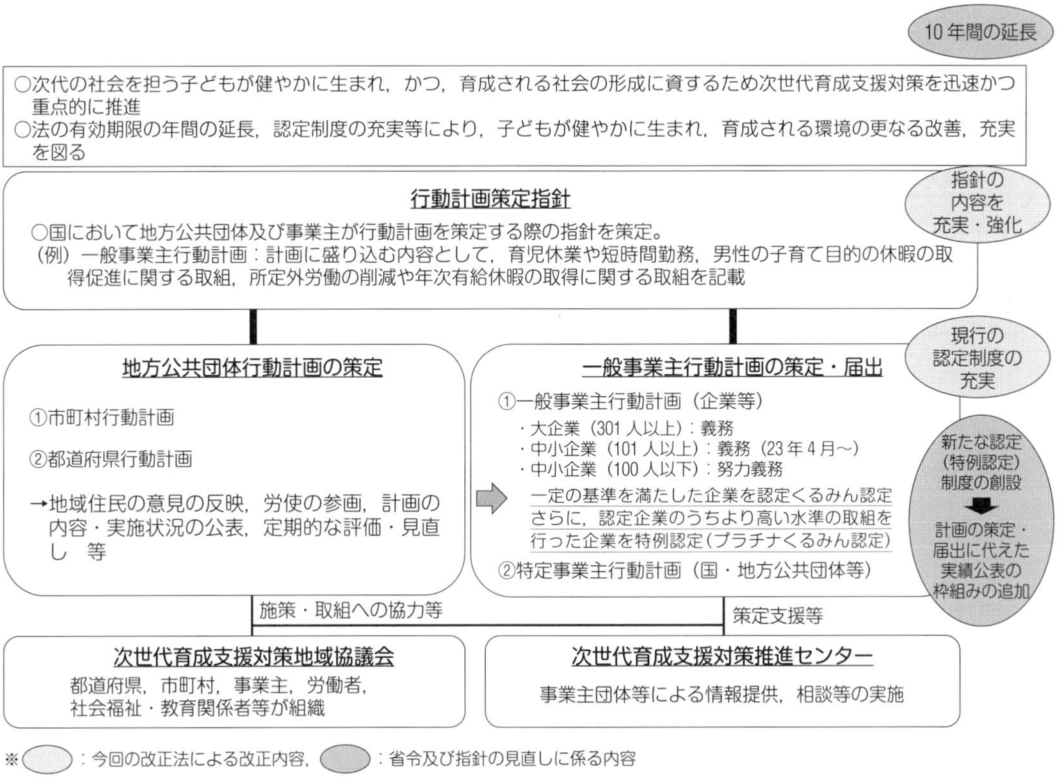

図4-1　次世代育成支援対策推進法の概要と改正のポイント

出典：『令和2年版厚生労働白書』199頁。

図4-2　くるみん
出所：厚生労働省HP。

者の視点，④社会全体による支援の視点，⑤すべての子どもと家庭への支援の視点，⑥地域における社会資源の効果的な活用の視点，⑦サービスの質の視点，⑧地域特性の視点が示されている。

　また，一般事業主行動計画策定における基本的な視点として，①労働者のニーズを踏まえた取組の視点，②企業全体での取組の視点，③企業の実情を踏まえた取組の視点，④社会全体による支援の視点等が示されている。

　なお，事業主には国の行動計画策定指針を踏まえて，一般事業主行動計画の策定とともに，都道府県労働局長に届け出することが求められている。行動計画の策定・届出により，一定の基準を満たした事業主に対して，厚生労働大臣から「くるみん認定」を受け，「くるみんマーク」の表示ができるようになっている。この認定を受けることによって，「仕事と家庭の両立ができる企業」としてイメージアップにつながる等，企業が子育て支援に積極的にかかわり，責任を果たす機会となったのである。

　次世代育成支援対策推進法では，これらの行動計画を具体的に進めるために，「次世代育成支援対策地域協議会」と「次世代育成支援対策推進センター」の設置ができると定められている。次世代育成支援対策地域協議会は，地方公共団体をはじめ，事業主，労働者，社会福祉・教育関係者等から組織され，次世代育成支援地域行動計画の策定や，進捗状況の点検及び施策の評価について協議することになっている。特に，市町村行動計画の策定における協議会の活用が求められている。次世代育成支援対策推進センターは，厚生労働大臣から指定を受けた事業主の団体や連合団体であり，一般事業主行動計画の策定及び実施に関して事業主などに対し相談・援助をおこなうことになっている。たとえば，行動計画策定に向けて，好事例の収集，地域別・業種別のモデル計画の策定，講習会の開催，雇用環境の整備，広報・啓発をすることがある。

　なお，次世代育成支援対策推進法（2003）は10年間の時限立法であったが，「男性の育児休業取得」「所定外労働の削減」「年次有給休暇の取組促進」などの内容が見直され2025（令和7）年までに延長されることになっている。

（本田和隆）

2．子ども・子育て支援新制度

　子ども・子育て支援新制度は，幼児期の学校教育や保育，地域の子育て支援の量の拡充や質の向上を進めていくためにつくられた制度である。

　2012（平成24）年8月に成立した「子ども・子育て支援法」，「認定こども園法の一部改正」，「子ども・子育て支援法及び認定こども園法の一部改正法

の施行に伴う関係法律の整備等に関する法律」の子ども・子育て関連3法に基づく制度のことであり，2015（平成27）年4月からスタートした。

　日本は，少子化や核家族化が進み，地域とのかかわりが希薄であることから，安心・安全ななかでの子育てをする環境は厳しいことがしばしば指摘されている。子育ての孤立化や不安感が増し，子育てに希望がもてない家庭への支援も必要ではないかと思われる。

　また，女性の社会進出が増え，今もなお待機児童が生じていることに加えて，子育てと仕事の両立ができる環境が整っていない状況であることも指摘されており，出産を望み，子育てしやすい社会にしていくためにも，国や地域を挙げて，子どもと子育て家庭を支援する新しい支え合いの仕組みを構築する必要があったのである。

　子ども・子育て支援制度の主たるポイントは，①認定こども園，幼稚園，保育所を通じた共通の給付（「施設型給付」）及び小規模保育等への給付（「地域型保育給付」）の創設，②認定こども園制度の改善（幼保連携型認定こども園の改善等），③地域の実情に応じた子ども・子育て支援（利用者支援，地域子育て支援拠点，放課後児童クラブなど）の「地域の子ども・子育て支援事業」の充実の3点である。

（室谷雅美）

3．地域子ども・子育て支援事業

　子ども・子育て支援法第59条に「市町村は，内閣府令で定めるところにより，第61条第1項に規定する市町村子ども・子育て支援事業計画に従って，地域子ども・子育て支援事業として，次に掲げる事業を行うものとする」と規定されており，「特定13事業」が示されている。「特定13事業」は，子ども・子育て家庭を対象とする事業として，地域の実情にあった子育て支援として実施されている地域子ども・子育て支援事業である。

（1）利用者支援事業

　子育て家庭や妊産婦が，教育・保育施設や地域子ども・子育て支援事業，保健・医療・福祉等の関係機関を円滑に利用できるように，身近な場所での相談や情報提供，助言等必要な支援をおこなうとともに，関係機関との連絡調整，連携・協働の体制づくり等をおこなうことを目的に作られた事業である。

　3つの事業類型があり，「基本型」は，「利用者支援」と「地域連携」の2つの柱で構成されており，「特定型（いわゆる「保育コンシェルジュ」）」と

「母子保健型」である。

　「利用者支援」は，地域子育て支援拠点等の身近な場所において，子育て家庭等から日常的に相談を受け，個別のニーズ等を把握し，子育て支援に関する情報の収集や提供をおこなっている。また，子育て支援事業や保育所等の利用に当たって当事者の目線に立っての助言・支援である。

　「地域連携」は，地域における子育て支援のネットワークに基づく支援をおこなうが，より効果的に利用者が必要とする支援につながるよう地域の関係機関との連絡調整，連携・協働の体制づくりをおこなうとともに，地域に展開する子育て支援資源の育成や地域で必要な社会資源の開発等である。

　「基本型」の職員は，専任職員（利用者支援専門員）を1名以上配置するとしている。

　「特定型」は，主に市区町村の窓口で，子育て家庭等から保育サービスに関する相談に応じ，地域の保育所や各種の保育サービスに関する情報提供や利用に向けての支援などをおこなうものである。職員は，専任職員（利用者支援専門員）を1名以上配置するものである。

　「母子保健型」は，主に市町村保健センター等で，保健師等の専門職が，妊娠期から子育て期にわたるまでの母子保健や育児に関する妊産婦等からの様々な相談に応じ，その状況を継続的に把握しながら，支援を必要とする者が利用できる母子保健サービス等の情報提供をおこなうものである。さらに，関係機関と協力して支援プランの策定などをおこなっている。職員は，保健師，助産師等で母子保健に関する専門知識を有する者を1名以上配置している。

　2019（令和元）年度の実施状況は，基本型が805か所，特定型が389か所，

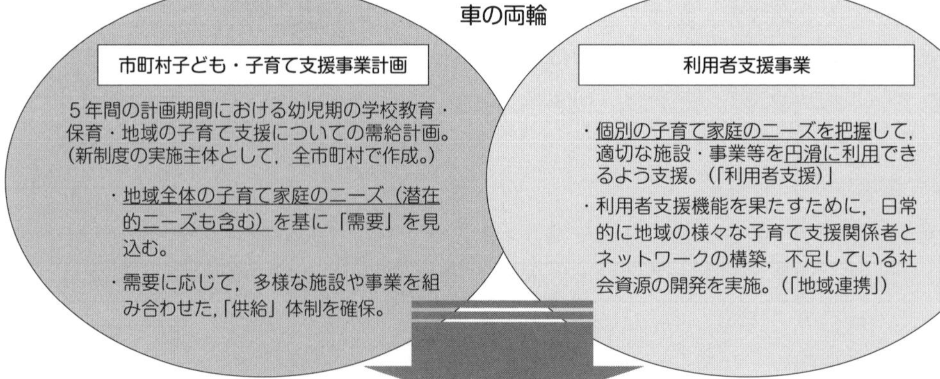

車の両輪

市町村子ども・子育て支援事業計画

5年間の計画期間における幼児期の学校教育・保育・地域の子育て支援についての需給計画。（新制度の実施主体として，全市町村で作成。）

・地域全体の子育て家庭のニーズ（潜在的ニーズも含む）を基に「需要」を見込む。
・需要に応じて，多様な施設や事業を組み合わせた，「供給」体制を確保。

利用者支援事業

・個別の子育て家庭のニーズを把握して，適切な施設・事業等を円滑に利用できるよう支援。（「利用者支援」）
・利用者支援機能を果たすために，日常的に地域の様々な子育て支援関係者とネットワークの構築，不足している社会資源の開発を実施。（「地域連携」）

地域の子育て家庭にとって適切な施設・事業の利用の実現

図4-3　子ども・子育て支援新制度における利用者支援事業の役割について

出典：厚生労働省「利用者支援事業とは」。

母子保健型が1330か所で合計2524か所であった。2018（平成30）年度は2278か所であったことから246か所増加している。

　子ども・保護者の置かれている環境に応じ，保護者の選択に基づき，多様な施設・事業者から，良質かつ適切な教育・保育，子育て支援を総合的に提供する体制を確保することが役割として挙げられている。地域の子育て家庭に追って適切な施設・事業の利用の実現を目指し，車の両輪のようにバランスが取れるよう，5年間の計画期間における幼児期の学校教育・保育・地域の子育て支援についての需給計画として市町村子ども・子育て支援事業計画と利用者支援事業が考えられている（図4-3）。

（2）地域子育て支援拠点事業

　子育て中の親子が気軽に集い，相互交流や子育ての不安・悩みを相談できる場を提供している。実施場所としては，保育所や公共施設，児童館等の地域の身近な場所で，乳幼児のいる子育て中の親子の交流や育児相談，情報提供等がなされている。

　『地域子育て支援拠点事業実施要綱』においては，「一般型」「連携型」の2つの事業類型を設け，両方に共通する4つの基本事業を規定している。①子育て親子の交流の場の提供と交流の促進，②子育て等に関する相談，援助の実施，③地域の子育て支援関連情報の提供，④子育て及び子育て支援に関する講習等の実施である。基本事業だけでなく，地域支援の視点に立って，地域の連携や交流を図るなどの活動に取り組むことも期待されている。更なる展開として，一時預かり等の地域の子育て支援活動の展開を図るための取り組みや地域に出向き，出張広場を開設すること，高齢者等との多様な世代との交流がある（図4-4）。

　2019（令和元）年度の実施状況は，一般型が6674か所，連携型が904か所で合計7578か所であった。2018（平成30）年度は7431か所であったことから147

4つの基本事業
① 子育て親子の交流の場の提供と交流の促進
② 子育て等に関する相談，援助の実施
③ 地域の子育て関連情報の提供
④ 子育て及び子育て支援に関する講習等の実施

更なる展開
・地域の子育て支援活動の展開を図るための取組（一時預かり等）
・地域に出向き，出張ひろばを開設
・高齢者等の多様な世代との交流，伝統文化や習慣・行事の実施　等

図4-4　地域子育て支援拠点事業

出典：厚生労働省（2007）「地域子育て支援拠点事業とは」より筆者作成。

か所増加している。実施場所では，保育所が3割以上を占めており，次いで公共施設・公民館が2割以上，児童館，認定こども園などで実施されている。

（3）妊婦健康診査

「市町村は，必要に応じ，妊産婦又は乳児若しくは幼児に対して，健康診査を行い，又は健康診査を受けることを勧奨しなければならない」（母子保健法第13条）ことからも健康診査をおこなう必要がある。

妊婦に対する健康診査としては，①健康状態の把握，②検査計測，③保健指導を実施し，妊娠期間中の適時に必要に応じた医学的検査を実施する。

（4）乳児家庭全戸訪問事業（こんにちは赤ちゃん事業）

乳児家庭全戸訪問事業は，こんにちは赤ちゃん事業とも呼ばれている。

生後4か月までの乳児のいる家庭を対象にすべての家庭を訪問し，子育て支援に関する情報提供や養育環境等の把握をおこなう事業である。

訪問内容は，①育児等に関するさまざまな不安や悩みを聞き，相談に応じるとともに，子育て支援の情報提供，②母親の不安や悩みに耳を傾ける，③養育現場の把握とともに助言をおこなうものである。

この事業の実施にあたっては，地域における他の子育て支援事業等との密接な連携を図ることが望まれている。連携を図ることにより，子育て家庭に対する多様な支援が可能となり，地域の子育て支援活動のネットワークの強化につながる。

対象は乳児が生後4か月を迎えるまでの間に1度訪問することを原則とし，訪問者は，保健師，助産師，保育士，愛育班員，母子保健推進員，児童委員，子育て経験者等を幅広く登用している。また，訪問にあたっては，訪問の目的や内容，留意事項等について必要な研修を受けるものとする，とされている。

2016（平成28）年4月1日〜2017（平成29）年3月31日までの訪問対象家庭数は96万3548世帯，訪問家庭数は91万3682世帯で訪問率は94.8％であった。

（5）養育支援訪問事業

養育支援訪問事業は，養育支援が特に必要な家庭に保健師等が訪問し，養育に関する相談，指導，助言その他必要な支援をおこなう事業である。当該家庭の適切な養育の実施を確保する事業でもある。

育児ストレス，産後うつ病，育児ノイローゼ等の問題によって，子育てに対して不安や孤立感等を抱える家庭や，さまざまな原因で養育支援が必要となっている家庭に対して，子育て経験者等による育児・家事の援助や支援を

おこなう。また，保健師等による具体的な養育に関する指導助言等を訪問して行うものであるが，訪問することにより個々の家庭の抱える養育上の諸問題の解決，軽減を図ることにつながる。

　家庭内での育児に関する具体的な援助としては，産褥期の母子に対する育児支援や簡単な家事等の援助，未熟児や多胎児等に対する育児支援・栄養指導，養育者に対する身体的・精神的不調状態に対する相談・指導などをおこなう。さらに，若年の養育者に対する育児相談・指導や児童が児童養護施設等を退所後にアフターケアを必要とする家庭等に対する養育相談・支援などもおこなっている。

　2018（平成30）年4月1日現在，養育支援訪問事業を実施している市町村は，全国1741市町村のうち，1508市町村で86.6%となっている（厚生労働省調べ）。

（6）子育て短期支援事業

　保護者の疾病などにより家庭において養育が一時的ではあるが困難になった場合や経済的な理由によって児童を一時的に保護することが必要である場合など，児童養護施設などに一定期間入所させて預かり，必要な保護をおこなう事業である。

　理由により，短期入所生活援助（ショートステイ）事業と夜間養護等（トワイライト）事業がある。短期入所生活援助事業の対象となる者は，児童の保護者の疾病や育児疲れ，慢性疾患児の看病疲れ，育児不安など身体上または精神上の事由である。また，出産，看護，事故，災害，失踪など家庭養育上の事由，冠婚葬祭，転勤，出張や学校等の公的行事への参加など社会的な事由，経済的問題等により緊急一時的に母子保護を必要とする場合である。

　夜間養護等事業においての対象となる者は，保護者の仕事等の理由により，平日の夜間または休日に不在となる家庭の児童とする。

（7）子育て援助活動支援事業（ファミリー・サポート・センター事業）

　子育て援助活動支援事業は，ファミリー・サポート・センター事業ともいう。乳幼児や小学生等の児童のいる子育て中の保護者で，育児の援助を受けたい人（依頼会員）と援助をおこないたい人（提供会員）が会員登録し，相互援助活動に関する連絡，調整をおこなう事業である。

　相互援助活動の例としては，①保育施設までの送迎，②保育施設の時間外や，学校の放課後などに子どもを預かる，③保護者の病気や冠婚葬祭などの急用時に子どもを預かる，④保護者が買い物など外出の際，子どもを預かる，⑤病児・病後児の預かりや早朝・夜間等の緊急の預かり対応など

がある。

（8）一時預かり事業

　保育所等を利用していない家庭においても，日常生活において突発的な事情やさまざまな理由により，一時的に家庭での保育が困難となる場合がある。また，核家族化や地域とのかかわりの希薄化などによって，育児の疲れなどによる保護者の精神的・身体的負担を軽減するための支援として保育所，幼稚園，認定こども園その他の場所において児童を一時的に預かることで，安心して子育てができる環境を整備し，もって児童の福祉の向上を図ることを目的とする事業である。

　さまざまな理由によって家庭において保育を受けることが一時的に困難となった乳幼児を対象に，認定こども園・幼稚園・保育所等で一時的に預かる事業である。

（9）延長保育事業

　地域子ども・子育て支援事業として位置づけられ，子ども・子育て家庭を対象とする事業として，市町村が地域の実情に応じて実施することとされている。

　就労形態の多様化等に伴い，保護者の勤務形態などやむを得ない理由により，決められた保育の時間帯を超えて保育が必要な保育認定を受けた子どもについて，通常の利用日及び利用時間以外の日及び時間において，認定こども園・保育所等で引き続き保育を実施することで，安心して子育てができる環境を整備し，もって児童の福祉の向上を図ることを目的とした事業である。

　都道府県及び市町村以外の者が設置する保育所または認定こども園，小規模保育事業所，事業所内保育事業所，家庭的保育事業所，駅前等利便性の高い場所，公共的施設の空き部屋等適切に事業が実施できる施設等とする「一般型」と利用児童の居宅において実施する「訪問型」がある。

（10）病児保育事業

　児童福祉法第 6 条の 3 第13項で，「病児保育事業とは，保育を必要とする乳児・幼児又は保護者の労働若しくは疾病その他の事由により家庭において保育を受けることが困難となつた小学校に就学している児童であつて，疾病にかかつているものについて，保育所，認定こども園，病院，診療所その他厚生労働省令で定める施設において，保育を行う事業をいう」と記されている。

　病児保育事業は，地域子ども・子育て支援事業として位置づけられ，子ど

も・子育て家庭を対象とする事業として，市町村が地域の実情に応じて実施することとされている。子育て病児や回復期の児童で自宅での保育が困難な場合に，子どもを一時的に保育所等のなかで預かることで，保護者が仕事を休まなくとも引き続き保育ができるようにするものであり，病気の児童を一時的に保育することで，安心して子育てができる環境整備を図ることができる。

　3つの事業類型があり，1つは，「病児対応型・病後児対応型」で，地域の病児・病後児について，病院・保育所等に付設された専用スペース等において看護師等が一時的に保育する事業である。2つ目は「体調不良児対応型」で，保育中の体調不良児について，一時的に預かるほか，保育所入所児に対する保健的な対応や地域の子育て家庭や妊産婦等に対する相談支援を実施する事業である。3つ目は「非施設型（訪問型）」で，地域の病児・病後児について，看護師等が保護者の自宅へ訪問し，一時的に保育する事業である。

(11) 放課後児童健全育成事業（放課後児童クラブ）

　放課後児童健全育成事業（放課後児童クラブ）は児童福祉法第6条の3第2項「放課後児童健全育成事業とは，小学校に就学している児童であつて，その保護者が労働等により昼間家庭にいないものに，授業の終了後に児童厚生施設等の施設を利用して適切な遊び及び生活の場を与えて，その健全な育成を図る事業をいう」という規定に基づき，市区町村の主導のもと公営または民営の団体に委託して実施される事業である。

　つまり，小学校の空き教室や児童館などにおいて，保護者が共働き等で昼間家庭にいない小学校に就学している児童に対し，遊びや生活の場を提供する安全・安心な居場所であり，その健全な育成を図る事業である。また，女性の就労の増加や少子化が進行するなか，仕事と子育ての両立支援，児童の健全育成対策として重要な役割を担っているところである。

　2015（平成27）年4月から施行された子ども・子育て支援新制度で，対象児童を「おおむね10歳未満」から6年生までと明確化された。

　2020（令和2）年7月1日現在の登録児童数は，131万1008人で，2019（令和元）年は129万9307人であったことから，1万1701人増となり過去最高を更新した。

(12) 実費徴収に係る補足給付を行う事業

　低所得者を対象に，特定教育・保育施設等に対して保護者が支払うべき教育・保育に必要な物品の購入に要する費用や行事への参加に要する費用の一

部を補助する事業である。

　認定区分に応じて対応が異なる給食費（副食材料費）と，それ以外の教材費・行事費等に分けて費用の一部を補助する。

(13) 多様な主体が本制度に参入促進・能力活用事業

　多様な事業者の新規参入を支援するほか，認定こども園における特別な支援が必要な子どもの受入体制を構築することで，良質かつ適切な教育・保育等の提供体制確保を図る事業である。

　主な事業内容は，「新規参入施設等への巡回支援」「認定こども園特別支援教育・保育経費」の2つである。

（室谷雅美）

演習問題

1．次世代育成支援対策推進法が成立した背景とその意義について，「行動計画」というキーワードを用いてまとめてみよう。
2．「利用者支援事業」の役割についてまとめてみよう。
3．「地域子育て支援拠点事業」についてまとめてみよう。

引用・参考文献

保育福祉小六法編集委員会編（2021）『保育福祉小六法2021』みらい。
内閣府・文部科学省・厚生労働省（2015）『子ども・子育て支援新制度ハンドブック　施設・事業者向け　平成27年7月改訂版』
新川泰弘（2016）『地域子育て支援拠点におけるファミリーソーシャルワークの学びと省察』相川書房。
才村純・芝野松次郎・新川泰弘・宮野安治編（2019）『子ども家庭福祉専門職のための子育て支援入門』ミネルヴァ書房。
山縣文治・柏女霊峰（2016）『社会福祉用語辞典』ミネルヴァ書房。
社会福祉の動向編集委員会（2020）『社会福祉の動向2020』中央法規。

コラム2 親と子のふれあい講座

子育て支援においてどのようなプログラムをおこなえば，保護者の子育て負担や不安が軽減するかといった課題に取り組むことは重要である。そのためには，先ずは，親のニーズを知らなければならない。次に，そのニーズをもとにプログラム内容を作成していくことになる。また，そのプログラムを実践できるスタッフが必要になる。さらに，その内容は保護者にもわかりやすくなくてはならない。そこで注目したいのは，そのプログラムのモジュール化「プログラムがどのような要素から成り立っているのかを分析，抽出してモジュールとし，それを単独あるいは複数の組み合わせで実行できるようにするということ」（芝野，2002）である。そのモジュール化したプログラムに1987年から取り組み，保護者のニーズを満たすための援助として研究開発されたのが，芝野による「親と子のふれあい講座」である。当時，世間では，マタニティーブルーや育児ノイローゼが話題として取り上げられるようになりつつあり，共働き家庭を含めた一般的な子育て家庭を対象とし，保護者のニーズを満たすための援助が必要視されていた。

芝野は，この「親と子のふれあい講座」において30年以上にわたり自治体や民間団体と協力し，変動する社会で必死に生活されてきた保護者に寄り添い，沢山の思いをくみ上げてきた。そして，子育て支援にとって何が必要なのかを模索するとともに，子育てに関する理論および研究成果と保護者アンケートの結果をもとに，子育て支援のプログラム開発に取り組んでいる。その結果，子育てを楽しむ条件として，① 子育てをもっと楽しもうという気持ちをもつこと，② 自分の子どもについての個別的な育児知識をもつこと，③ 自分の子どもについての個別的な育児技術をもつこと，④ 孤立を避け，横のつながりをもつこと，⑤ 息抜きをする機会をもつことの5つを明らかにしている。

芝野による「親と子のふれあい講座」の取り組みは，現在もなお継続しており，発展し続けているのである。

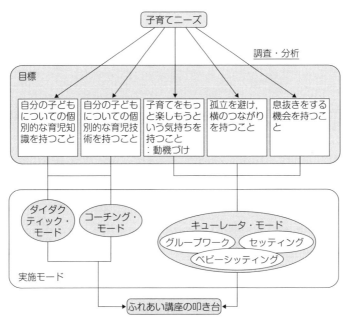

図1 芝野（2002）による「親と子のふれあい講座」の構造〈ニーズ，目標，実践モード〉

出典：芝野松次郎（2002）『社会福祉実践モデル開発の理論と実際——プロセティック・アプローチに基づく実践モデルのデザイン・アンド・ディベロップメント』有斐閣。

（北村博文）

第5章　保育者による子ども家庭支援の意義と基本

　子ども家庭支援は，地域におけるさまざまな専門機関が連携・協働することによって実践される。そのなかで，保育所，認定こども園および幼稚園においてどのような子ども家庭支援がおこなわれ，保育者による支援にはどのような意義があるだろうか。ここでは，保育所における子育て支援を中心に考え，幼保連携型認定こども園や幼稚園での保育者による支援についても述べていく。

1. 保育所等における子ども家庭支援

（1）保育者がおこなう子育て支援

　保育所，幼保連携型認定こども園および幼稚園は，子どもの保育をおこなう施設であるだけでなく，子どもの保護者や地域の子育てを支援するという役割がある。保育所保育指針では保育所の保育士について，児童福祉法第18条の4の規定を踏まえ，「保育所の役割及び機能が適切に発揮されるように，倫理観に裏付けられた専門的知識，技術及び判断をもって，子どもを保育するとともに，子どもの保護者に対する保育に関する指導を行うもの」としている。

　子どもの保護者に対する保育に関する指導とはどのようなものだろうか。保育所保育指針解説では「保護者が支援を求めている子育ての問題や課題に対して，保護者の気持ちを受け止めつつ行われる，子育てに関する相談，助言，行動見本の提示その他の援助業務の総体を指す。子どもの保育に関する専門性を有する保育士が，各家庭において安定した親子関係が築かれ，保護者の養育力の向上につながることを目指して，保育の専門的知識・技術を背景としながら行うものである」としている。

　子育てをしている保護者は，子どもの発育・発達に関すること，病気やその予防，食事，睡眠，トイレトレーニングなどの生活習慣上のこと，育児方法やしつけに関することなどさまざまな不安や悩みをもち得る。育児そのものに対する不安や負担感，自身の家族関係やワークライフバランス，経済的状況にかかわる悩みや課題をもつこともある。また，それぞれの子どもが育つ家庭は，転居や転職，離婚など，その種類や程度に違いはあってもいくつもの変化を経験しながら生活しており，それらがストレスや困難につながることもある。

　保育者がおこなう保護者に対する子育て支援とは，子育てに関する知識や方法を保護者に一方向的に教えるものでもなく，単に保護者に対するサービスを提供するものでもない。保育者は，子どもの家庭の状況を把握し，保護者が子どもとの安定した関係を築きながら，意欲や自信をもって子育てができるように，それぞれの保護者の不安や悩みに寄り添い，保護者自身が納得して解決に向かっていけるように支援する。共に子どもを育てるという視点に立ち，子どもが育つ家庭が安心・安全な場所であるように支援することが，すべての子どもの健やかな育ちを実現することにつながるのである。

（2）保育所等における子育て支援

　保育所，幼保連携型認定こども園および幼稚園といった保育施設では，在園する子どもの保護者に対する支援と，地域の子育て家庭への支援がおこなわれている。

　保育者が在園する子どもとその保護者に日々かかわることができるのが保育施設の特性である。日常的かつ継続的なやりとりを通して，保育者は保護者との信頼関係を構築していくことができる。日々の送迎時において保護者と交わす会話は，家庭での子どもや親子関係の状況を把握したり，一日の終わりに園での出来事を伝えたりすることができる貴重な機会である。ほかにも連絡ノートや電話，個人面談，園での行事，保護者会などさまざまなコミュニケーションの機会を通して，園で見られた子どもの育ちの姿を丁寧に伝えたり，家庭での様子を共有したりすることで，保護者と子どもの成長の喜びを分かち合っていく。保育者は，そのような関係性を築きながら，保護者が子育てにかかわる悩みや不安について安心して相談できる身近な存在となるのである。

　園に通う子どもの家庭だけでなく，地域の子育て家庭を支援することも保育所等の役割である。保育や子育てに関する知識や技術をもつ専門職がいることや，子育て支援にふさわしい環境があるということも保育施設の特性である。園庭開放，親子で遊びに参加できる行事，保育体験，育児に関する講座，給食試食会などさまざまな取り組みがおこなわれており，保護者が気軽に訪れ，子育てに関する相談ができる場，乳幼児期の遊びや子どもへの適切なかかわり方などの情報を得ることができる場，ほかの子どもや保護者と交流できる場などとして地域に開かれている。

　保育者が子育ての相談に応じ助言をしていく上で，保護者の思いを尊重し受容する態度をもつことが基本となる。保護者は，自分が温かく受け止められ，理解してもらえると感じることで，保育者に対する安心感や信頼感をもつことができる。保護者を支援する上で，問題をともに整理しながら，保護

者が自ら選んで決めていけるよう保護者の主体性と自己決定を尊重することも求められる。また，子どもと保護者について知り得た情報を漏らすことがないよう厳重に注意し取り扱うことも欠かせない。プライバシーの保護や守秘義務を遵守することは専門的職業者としての社会的責任であるが，そのような保育者の慎重な姿勢があってこそ，保護者が信頼して相談できる関係ができるのである。

2．保育の専門性を生かした子育て支援

（1）保育者に求められる専門性とは

　保育者がもつ専門性とはどのようなものだろうか。保育所保育指針解説では，保育士に求められる主要な知識・技術として，①子どもの発達を援助する知識及び技術，②子ども自らが生活していく力を援助する知識及び技術，③保育の環境を構成していく知識及び技術，④遊びを豊かに展開していくための知識及び技術，⑤子ども同士の関わりや子どもと保護者の関わりに対して必要な援助をしていく関係構築の知識及び技術，⑥保護者等への相談，助言に関する知識及び技術，の6つを挙げている。保育者は，①から⑤の子どもの保育に関する専門性と，⑥の子育て支援に関する専門性が求められるのである。

　保育所保育指針解説では，保育士の子育て支援に関する専門性について，地域における子どもや子育て家庭に関するソーシャルワークの中核を担う児童相談所などの関係機関との連携をとりながらおこなうため，ソーシャルワークの基本的な姿勢や知識，技術等について理解を深める必要があるとし，内容によってはソーシャルワーク等の知識や技術を援用することが有効なケースもあるとしている（詳しくは第9章参照）。

（2）保育に関する専門性をもつ保育者による支援

　子どもの保育に関する専門性をもつ保育者がおこなう子育て支援には，どのような意義があるだろうか。保育所保育指針では，保育所を利用している保護者への子育て支援について，「日常の保育に関連した様々な機会を活用し子どもの日々の様子の伝達や収集，保育所保育の意図の説明などを通じて，保護者との相互理解を図るよう努めること」としている。家庭と園での子どもの生活の連続性を図るためには，家庭との連携や共通理解が不可欠であることは，認定こども園や幼稚園においても同様である。

　保護者と園が互いに理解し合っていく上で，園においてどのような視点や意図をもって保育を実践しているかを保護者に伝えていくことが保育の専門

性を生かした支援の一つである。保育所，幼保連携型認定こども園，幼稚園では，どのような保育の視点をもって実践がなされているのだろうか。

① 環境を通して行う保育

　保育所保育指針解説，幼保連携型認定こども園教育・保育要領解説および幼稚園教育要領解説では，乳幼児期の発達を，子どもが大人から一方的に教えられたことを身につけるものではなく，子どもが自ら周囲の環境に能動的に働きかけ，遊びや活動を展開していくなかで，生きる力の基礎となる資質・能力が育まれていく過程であるととらえている。子どもは生活や遊びのあらゆる場面において，興味や関心をもって周りの人やものにかかわり，心を動かされる体験をしながら，主体的に学んでいる存在だとする視点である。

　環境を通して行う保育とは，そのような乳幼児の発達の特性を踏まえ，子どもが主体性を十分に発揮して活動を展開できるように，意図をもって保育の環境を構成するものである。保育者は子どもが活動するなかで，どのような関心や意欲をもって取り組んでいるか，どのように心を動かしているか，何にぶつかり，どのように乗り越えているかといった姿を，一人ひとりの育ちの過程として理解し，さらに発達の方向性を見通して保育の環境や援助を計画していく。このような子どもの主体性を何よりも大切にする保育の視点に立ち，一人ひとりの子どもの内面を深く理解し，その発達の姿をとらえることが保育者の専門性の一つだといえる。

② 養護と教育を一体的に行う保育

　保育所保育指針では，保育所における保育は「養護及び教育を一体的に行うことをその特性とする」としている。保育における養護とは，子どもの健康や安全が保障され，信頼できる人の存在によって情緒的な安定が得られるよう環境を整え，援助することである。

　健康で安全に過ごせる生活のなかで，保育者が子どもを温かく受け止め，応答的にかかわることで，子どもは安定感をもって生活ができ，他者に対する信頼感や自分を大切に思う自尊感情が育まれていく。そして，このような支えやかかわりが基盤となって，自ら周囲の環境にかかわり，興味や関心を広げ，意欲をもって遊びや活動を展開していく子どもの主体性が育まれていく。

　このように乳幼児の保育において，養護と教育は切り離せないものである。子どもが自分の思いや力を十分に発揮しながら学びを積み重ねていく上で養護の側面が不可欠であることは，認定こども園や幼稚園における保育においても同様である。

▶安全と安心に支えられ，環境にかかわる意欲や興味が広がっていく
写真提供：深井こども園。

③ 保育の視点・意図の共有

　以上のような保育の視点や意図と保護者の理解との間にずれがあることは多い。たとえば，子どもを見守る保育者のかかわりを見て，子どもを手伝ってくれていないのではないかととらえ，不安に感じる保護者がある。保育の営みは，子どものために何かをしてあげるのではなく，子どもが自分の力で歩んでいけるように支えることである。見守ってくれる大人に支えられ，自分でやろうとする子どもの姿，そして自分でできた時の満足感や達成感を味わっている子どもの姿を保護者と共有できるのが保育者である。

　就学前教育において，小学校で得るような知識やスキルを身につけることを期待する保護者もいる。保育は小学校教育の準備や先取りをするものではない。日常的な遊びや生活のなかに乳幼児の豊かな経験や学びがあり，小学校以上の学びの基盤となっていることを，具体的な子どもの姿を通して伝えていけるのも保育の専門性をもつ保育者だからこそできることである。

3．子どもの育ちの喜びの共有

（1）子どもの成長の過程を共に喜ぶ

　2017（平成29）年告示の保育所保育指針では，それまで「保護者に対する支援」だった章が「子育て支援」と改められた。それは，保護者のために支援をするというのではなく，子どもの成長を共に支えるという視点がより重視され，子どもが育つ喜びを保護者と共有することが強調されたことを意味する。

　保育者は一人ひとりの子どものさまざまな育ちの姿をとらえることができる。自分の力で試そうとする姿，最後まであきらめない姿，友達に思いを伝えようとする姿など，日々の保育のなかで見られた姿を丁寧に伝え，保育者

自身が感じた喜びを共有することで，保護者は自分の子どもの成長を実感することができる。

　日々の保育で見られる子どもの姿のなかには，保護者にとって成長とは感じにくいものもある。イヤイヤが続いたり，友達とけんかをしたり，感情をコントロールできなかったりする姿に保護者が不安や焦りを感じることもあるだろう。保育者は，保護者の気持ちに寄り添いながら，そのような姿は乳幼児に見られる発達の過程であることや，どのような育ちにつながっていくのかという発達の見通しを伝えていくことが大切である。保育者は，子どもと保護者に継続的かつ長期的にかかわるなかで，一人ひとりの子どもの姿を振り返りながら，一歩ずつ成長していく過程を保護者と共に喜ぶことができる。

（2）その子どもらしさを大切にする

　園における運動会や生活発表会などの保育行事は，保護者が子どもの成長した姿を見ることができる機会である。行事当日だけでなく，それまでの子どもの様子を連絡ノートやクラスだよりなどで丁寧に伝えることによって，その活動を通して子どもにどのような育ちの姿が見られたのかを共有することができる。

　子どもの活動のプロセスや経験を視覚的にわかりやすく伝えるために，ドキュメンテーションといった方法を使う園もある。ドキュメンテーションは，写真や図に子どもの言葉や保育者のコメントを添え，効果的に表現するものである。保護者に子どもの様子が伝わるだけでなく，子どもが自分の経験を振り返ったり，家庭において子どもと保護者が園での経験について話し合ったりすることにつながる。保護者が目にしやすい場所に掲示することで，保護者同士が園での子どもの経験について会話をし，子どもの成長の喜びを共

　▶子どもの活動のプロセスや経験を視覚的に伝えるドキュメンテーション
写真提供：深井こども園。

有することにつながることもある。

　日常の送迎時や保育行事などを通して，ほかの子どもの姿を目にし，自分の子どもとの違いに不安をもってしまう保護者もあるかもしれない。子どものありのままの姿を受け止め，一人一人のよさや可能性を見出すことも保育者に求められることである。その子どもらしさを大切にする視点を保護者と共有することも保育者の役割といえるだろう。

４．保護者の養育力の向上につながる支援

（１）保護者が自らの力を発揮する

　保育所等の保育施設における子育て支援は，ここまで述べてきたような場面や方法を通しておこなわれるが，目指すところは，保護者が自分のもてる力を発揮し，自信をもって子育てができるように支援することである。信頼して相談ができる，不安や悩みをもちながらも子育ての工夫や努力を肯定的に受け止め励ましてくれる，そして共に喜ぶことで子どもの成長を実感させてくれる，そのような保育者は，保護者が意欲をもって子育てをしていく上で大切な存在となる。

　ほかにも，送迎時や保育行事などを通して，保育の専門性をもつ保育者が子どもにかかわる姿を目にすることは，保護者の養育力の向上につながる重要な支援の一つである。子どもを見守り励ましながら支え，遊びを広げていく保育者の姿は，乳幼児とのかかわり方や遊び方がわからない保護者にとってモデルとなるものである。

　保育所等の保育施設では，園だよりなどを通して，乳幼児の子育てにかかわる情報を保護者に提供している。子育てについて保護者がもつ知識，不安や悩みなどは多様であるため，保育者が日常的にかかわりながら，それぞれの保護者に役立つと思われる情報や助言を個別に提供することができる。インターネット上などに子育てに関する情報があふれるなか，園や保育者からの信頼できる情報や助言は，保護者の安心につながる。

　懇談会など保護者同士が交流できる機会を作ったり，保護者の会などの自主的な活動をサポートしたりすることも支援の一つである。保護者同士が子育てに関する情報を交換したり，同じような悩みを共有したり，子育ての経験がある保護者からアドバイスをもらったりすることは，不安や負担感の軽減や新たな気づき合いにつながる。

（２）保護者の保育の活動への参加

　保育所保育指針，幼保連携型認定こども園教育・保育要領および幼稚園教

▶子どもと共に活動し，保護者同士が交流できる場
写真提供：子育て支援センターわたぼうし。

育要領では，保護者の養育力を高めるための支援の一つとして，保護者による保育の活動への積極的な参加を推奨している。保育の活動に参加し，園で生活する自分の子どもの姿を見ることで安心したり，家庭では見られない姿に気づき，成長を感じたりする機会になる。園にいるほかの子どもたちの姿を見て，いろいろな個性や個人差があることや，自分の子どもの発達への見通しや期待をもつことにもつながる。

　保育参加とは，保育参観とは異なり，保護者自らが子どもの遊びに参加するなど，保護者が子どもと保育者と共に活動し，保育を体験するものである。少しの間子育てから解放され，「親」とは違う立場でほかの子どもとかかわることで，自分の子どもだけに集中するのではなく，集団で生活する子どもの姿を客観的にとらえることにつながる機会である。一緒に遊ぶなかで，子どもが生き生きと活動する姿に感動したり，幼い子どもの愛おしさ，子どもと活動する楽しさや喜びを改めて感じたりする保護者もいる。また，保育者が子どもの心の動きをとらえ，きめ細やかにかかわっている姿を見て，保護者が自分自身の子育てや家庭での子どもとのかかわりについて振り返り，気づきにつながることも多い。

5．多様な家庭の状況に応じた支援

（1）保護者の状況に配慮した個別の支援

　子育てをしている家庭の状況はそれぞれに異なり，抱える課題や困難も多様であるため，保育所等の保育施設ではそれぞれに応じた個別の支援が求められる。ひとり親家庭，外国につながる子どもの家庭，経済的な困難を抱える家庭など特別な配慮が必要である場合や，保護者の育児不安が強い，保護者自身に障害や疾患がある，看病・介護が必要な家族がいるといった場合もある。保護者の就労形態や時間などもさまざまであるため，園と保護者の間

のあらゆるコミュニケーションの方法や行事への参加などについても，保護者の状況に合わせた配慮が必要である。

　ひとり親家庭は，死別，離婚，未婚などを理由に，母または父のどちらか一人と子どもからなる家庭である。厚生労働省「平成28年度全国ひとり親世帯等調査」によると，離婚が理由でひとり親家庭になった割合が，母子世帯では79.5%，父子世帯では75.6%と最も高い。また，ひとり親世帯の平均年間収入は，母子世帯が348万円，父子世帯が573万円と，子どものいる世帯の平均年間収入の707.8万円に比べ低く，特に母子世帯は経済的に困難な状況にあることが少なくない。

　それぞれの家庭によって，経済面，就労面，生活面など必要となる支援が異なるため，保護者とのかかわりを通して状況を把握し，ひとり親家庭を支援する制度やサービスにつなげていくことが必要である。子育てや家事，家計の維持などのいくつもの役割を一人で担わなければならない負担が大きいことや，分離や喪失，環境の変化により経験している感情に寄り添い，安心して相談できる存在として支援していくことが大切である。

　保護者が強い育児不安や孤立感をもったり，子どもへのかかわり方や育て方がわからなかったりするために，子どもに身体的・精神的苦痛を与えるといった不適切な養育が疑われる場合がある。日常的に子どもと保護者に接する保育者は，子どもの身体，情緒面や行動，家庭における養育の状態，保護者や家族の状態について，きめ細やかに観察し把握することで，不適切な養育や虐待が疑われるサインに気づき，適切な対応につなげることが求められる。保護者の子育ての仕方や考え方を責めるのではなく，置かれている状況を理解し，困っていることや悩みに寄り添い支援することが大切である。必要に応じて地域の関係機関と連携し，公的な制度やサービスなどを紹介するなど，保護者の養育の改善や虐待予防につながるよう個別の支援をおこなう。

　保育所，幼保連携型認定こども園，幼稚園は，児童虐待の防止等に関する法律により，虐待を受けたと思われる子どもを発見した場合には，市町村または児童相談所などに通告する義務がある。園全体で情報を共有し，効果的な支援ができるような体制を整えるとともに，保育施設の専門性を生かしてできる役割や機能の範囲をよく理解した上で，地域の児童相談所や福祉事務所などの関係機関と連携・協働していくことが重要である。

（2）多様な家族と共に生きる

　保育所等の保育施設において，外国籍や外国にルーツをもつ子どもが増えている。家庭の文化的背景はさまざまであり，言葉によるコミュニケーションができる程度もまちまちである。園からの情報の伝達や説明は，表現方法

を工夫したり，通訳ボランティアの協力を得たりするなど，それぞれの家庭に合わせた配慮が求められる。宗教や文化によって食事や服装などの習慣に違いや制限があったり，しつけに対する考え方が異なったりすることも多い。保育者は，家庭との話し合いを積み重ねながら，あたりまえととらえていた園での習慣や決まりごと，行事などをどのように見直せるかを考えることが必要である。園のやり方に適応することを求めるのではなく，すべての家庭の文化を尊重し，違いを理解し合い，共に生きていく力を育む多文化共生の視点から保育の実践と家庭支援に取り組むことが大切である。

　保育者が出会う子育て家庭は，その家族の形態や生き方が多様である。離婚と再婚が増加していることから，親の再婚などによって生まれた継親子関係からなるステップファミリーが増えている。里親制度や養子縁組によって新たに家族が形成されることもある。同性カップルが養子縁組や人工授精によって子どもをもち，家庭をつくることもある。初婚の男女とその子どもからなる家庭が「ふつうの家庭」という固定的なイメージや，血縁があることが親子関係の証しであるという考えが広く浸透しているため，そのイメージと異なる家庭が，社会のなかで特別視され，生きづらさを感じることがある。

　多様な子育て家庭と共に生きていくということは，さまざまな背景や文化をもつ家庭のありのままの姿を尊重し，互いがよりよく生きていくために支え合うことである。子ども家庭支援に携わる者が，「家庭はこうあるべきだ」といった固定的な価値観や偏った期待をもってしまい，無意識のうちにその家族を傷つけてしまうことがあってはならない。どのような家庭も不利益を被ることがないように，自らの「家庭」や「家族」に対する見方や考えを自覚し，見直していくことも，子ども家庭支援をおこなう上で，大切な一歩だといえるだろう。

> **演習問題**
>
> 1．保育所，幼保連携型認定こども園，幼稚園において，保護者とのコミュニケーションをおこなう上で，どのような基本的な態度と配慮が必要か整理してみよう。
> 2．具体的な子どもの遊びの場面を取り上げ，どのようにその子どもの育ちをとらえ，どのような願いをもって援助することができるかを話し合い，保護者への伝え方を考えてみよう。
> 3．多様な背景やニーズをもった家庭が活用できる社会資源として，どのような支援事業やサービスがあるか整理してみよう。

引用・参考文献

柏女霊峰・橋本真紀（2016）『保育相談支援　第2版』ミネルヴァ書房。

厚生労働省（2018）『保育所保育指針解説』フレーベル館。

卜田真一郎（2019）「外国につながる子どもと家庭への支援」橋本祐子・西本望編著『子ども家庭支援論』光生館，145-154。

内閣府・文部科学省・厚生労働省（2018）『幼保連携型認定こども園教育・保育要領解説』フレーベル館。

橋本祐子（2008）「幼稚園における保護者の保育参加に関する一考察——『先生』として参加した保護者の感想文の内容分析より」『聖和大学論集』36，Ａ：165-173

文部科学省（2018）『幼稚園教育要領解説』フレーベル館。

（橋本祐子）

第6章　保育士に求められる基本的態度

　本章では，治療モデル，生活モデル，ストレングスモデルといった3つのソーシャルワーク実践モデル，援助関係の形成，かかわり行動，質問の技法について学ぶ。次に，バイスティックにより体系化された対人援助の原則について理解を深める。その上で，相談援助におけるコミュニケーションスキルについて学ぶこととする。

1．ソーシャルワーク実践モデルと援助関係の形成・支援

（1）3つのソーシャルワーク実践モデル

　ソーシャルワークにおける実践モデルは表6-1のように分けることができる。

表6-1　ソーシャルワークにおける実践モデル

① 治療モデル	生活課題に関する情報を集めてその原因を特定し，利用者に働きかけて問題を解決・改善し，最終的には利用者のパーソナリティの発達を目指す。個人のどこかに問題の原因があると考えるため，環境要因が見落とされがちであったり，支援者主導により利用者の自己決定が尊重されにくく，面接中心の支援になりがちである。
② 生活モデル	生活課題の原因は人と環境のどこに問題があるのかではなく，生活空間における不適切な交互作用にあると考え，利用者と環境の接触面に焦点をあてる。そのため，利用者の適応能力と環境の特性を結び合わせていく。
③ ストレングスモデル	利用者は強さ（ストレングス）を持っているが，様々な理由により，その強さを発揮することができないと考える視点。自分自身のことや自分の生活状況については，本人が一番よく知っているとするため，利用者がその強みを活用できるようにする。

　これらを保育の現場にあてはめると，保護者から保育士へ子育てに関する相談が登園，降園，保護者面談や家庭訪問，特別な面談など，実践はさまざまな状況でおこなわれ，面接場面も保育室，玄関，保護者宅，面接室，園長室など多岐にわたる。保護者からの相談の内容は，子どもの発達や子育てに対する困りごとや心配，また，子育ての負担感，経済的な問題，夫婦間の問題，保育所へのクレームや要求，その他にも世間話や私的な会話まで，その内容は保護者一人ひとり異なる。そのため，生活課題に関する情報を集めて，

その原因を特定し，問題解決を目指した支援がおこなわれることになる。

　また，保育の現場では，保育士（支援者）と保護者（被支援者）の関係性から問題が生じたり，保護者を取り巻く環境から問題が生じたりすることがあるため，保護者と環境の接触面に焦点を当て，保護者の適応能力と環境の特性を結び合わせていく支援がなされるべきである。

　さらに，保護者の欠点や課題に着目するのではなく，「強さ」に焦点を当てるストレングスモデルにおいては，保護者を責めるのではなく，意欲を引き出し，長所に注目して支持的にかかわる支援が重要となる。

（2）援助関係の形成

　相談援助を効果的におこなうために，保育士には子どもや保護者との間に信頼関係（ラポール）を形成することが求められる。ラポールの形成によって，保護者は保育士に対して安心して自由に振る舞い，素直な感情や本音を表現できるようになる。また，ラポールの形成は保護者のもつ情報を収集したり，問題解決へのアプローチを容易にさせて，さらに専門性の高い専門機関へ保護者が「つながろう」という思いを促進させる。

　一方で，ラポールが形成されていないと，保護者が保育士との面接に心理的防衛を感じたり，内容によっては集中して話すことができなくなってしまう。それどころか，嘘やごまかす発言を引き出し，支援を阻害する行動を引き出してしまいかねない。これらを防ぎ，保護者とラポールを形成するためには，保育士は豊かな人間性とともに共感性や受容的態度，時には自己開示の技法を身につけておかなければならない。

（3）かかわり行動

　保護者とのつながりを深めるための一つとして，非言語的なコミュニケーション（ノンバーバルコミュニケーション）が求められる。これを促進するためには，視線を合わせる，身体言語（身振り手振りや姿勢など）に注目する，声の調子（大きさ，トーン，スピードなど）に注目する，言語的追跡（相手の話題を変えずについて行く）といった「かかわり行動」が重要となる。これらを実践する際は，保護者の年齢，ジェンダー，生活，文化，国籍など，様々な背景を考慮し，相手によって内容を調整することが必要となる。

（4）開かれた質問と閉ざされた質問

　質問の技法は，相手の語りを引き出すために重要な技術である。開かれた質問（オープンクエスチョン）とは，「なに」，「どんな」，「どのように」といった一言では答えられないような問いかけである。これにより，制約を設

けずに緊張感を軽減させ，保護者に話の糸口を与えることとなる。一方で，閉ざされた質問（クローズドクエスチョン）とは，「はい」，「いいえ」といった一言で答えられる質問であり，答えやすい反面，話が展開しにくい。そのため緊張度が高い，もしくはコミュニケーションに何らかの障害を抱えている保護者に事実の確認をする時などの使用に適している。

　保育士が保護者とまだ関係ができていない場合や，保護者があまり主体的に語ることができない場合は，クローズドクエスチョンで答えやすいことを尋ね，まず保護者に口を開いてもらうことから始める方が，会話を進めやすくなる場合もある。その場合，クローズドクエスチョンにより会話を進展させ，その後に，オープンクエスチョンを効果的に組み合わせて，対話を活性化するとよいであろう。

2．対人援助における基本的姿勢

（1）フェリックス・P・バイスティック

　ラポールの形成には，倫理観に裏付けされた専門的知識に基づいた姿勢が必要となる。このことにかかわって，バイスティック（Felix Paul Biestek, 1912-1994）は，対人援助の原則を体系化しているため，ここで取り上げる。バイスティックは，シカゴのロヨラ大学でソーシャルワークに関する教鞭をとりながら，キリスト教の司祭を務め，第二次世界大戦後のアメリカでソーシャルワークの発展に貢献した。バイスティックは1962年に来日しており，わが国のソーシャルワークにも多大な影響を与えている。

　1950年中ごろから，ソーシャルワーク実践は，技術至上主義（クライエントを見ずに技術偏重に陥る）へと変わっていった。このことに対して，バイ

（左）Felix P. Biestek, S. J., Papers（1870-1994）
（右）ロヨラ大学の読書室にて。右端がバイスティック。
　出典：（左）ロヨラ大学アーカイブス https://www.luc.edu/archives/socialwork.stml
　　　　（右）同 https://www.luc.edu/archives/photocollections.stml

スティックは論文を通してソーシャルワークの基本姿勢を問い直すことを提唱した。その集大成として1957年に出版されたのが *The Casework Relationship*（『ケースワークの原則』）であり，わが国には1965年に初めて翻訳されている。バイスティックは，支援の技術ではなく，ケースワーク（対人援助技術）の概念定義，つまり，「ケースワークの魂」を伝えるため，本書を執筆したのである。

（2）バイスティックの7原則

　本節では，バイスティックが提唱した社会福祉機関における援助関係を形成する7つの原則（バイスティック，1954＝2006：33-210）を元に，保育の現場で保育士と保護者がどのように援助関係を形成していくかということについて解説する。

① 個別化

　一人ひとりの保護者がそれぞれ異なる独特な性質をもっていると認識，理解することである。保護者が抱えている悩みや課題を他の人と同じ種類と見なすステレオタイプ的視点ではなく，保護者一人ひとりを個人としてとらえ，それぞれの課題に対する支援方法や，解決していく過程にも，独自性があることを意識したアプローチが必要となる。ただし，個別性を重視することと，人間として誰にでも共通する基本的な特質や特徴を重視することの二つのバランスを保つことにも留意しなければならない。なお，保育者には保護者に対する偏見や先入観をもたないことと，保護者が話す内容だけでなく，話さない事柄にも注意深く耳を傾け，保護者の表情，視線，手の動き，姿勢，話し方や言い回し等を観察することが求められる。

② 意図的な感情の表出

　保護者がさまざまな感情，特に否定的感情を自由に表現したいという欲求をもっていると認識し，保護者の感情表現を妨げたり，非難したりせずに感情表出を促すことである。保護者の感情に耳を傾けることは，心理的サポートになるだけでなく，保護者が問題や課題についてどのように認識しているかを保育士が理解することにもつながる。保護者の感情を引き出すためには，時として感情表出を積極的に刺激したり，表現できるよう励ましたりすることが必要であるが，状況に応じて表現する感情の種類を吟味する必要もある。保護者が心配せずに何でも話すことができ，喜怒哀楽といったさまざまな感情を自由に表せられるような雰囲気を作るためには，援助という目的をもって耳を傾けることが求められる。一方で，急いで保護者の不安を取り除こう

とせずに保護者のペースに合わせて，保育士自身がリラックスしながら話し
やすい態度で接することも求められる。

③　統制された情緒的関与

　保護者の感情を観察・傾聴し，その感情を理解した上で保育士が適切な反
応を示すことである。保護者が感情を表出すると，その内容や状況により保
育士はさまざまな反応をすることになるが，その反応は言葉や顔の表情，話
し方の調子，身振り手振り等によって保護者に伝わり，それは時として保育
士が抱く内的な感情を見透かされることとなる。保護者との援助関係を築い
ていくためには，保護者の感情を受け止めようとしていることや，保護者の
相談内容を真摯に理解しようとしていることをさまざまな態度を用いて伝え
ることが重要となる。また，保護者の感情の起伏が大きい時には，保育士は
保護者の感情に巻き込まれないように，自身の感情を自覚し，セルフコント
ロールした上でかかわりをもつことが求められる。

④　受　　容

　保護者一人ひとりの存在をあるがままの姿で受け止めることである。受容
により，保護者は安心感を抱き，防衛的にならずに自分を自由に表現したり，
自ら自分のありのままの姿を見つめたりできるようになる。保護者を受容す
るためには，心理学や精神医学の知識をもつこと，保育士自身が自己を受け
止めること，自身の感情を保護者に転嫁しないこと，偏見や先入観に支配さ
れないこと，口先だけで励まさないこと，許容できることと容認できないこ
とを明確に区別しておくこと，保護者に敬意をもつこと，保護者に過剰同一
視しないことなどを意識することが求められる。

⑤　非審判的態度

　保護者の問題やニーズに対して保護者にどのくらい責任があるのかなどを
一方的に審判（judgment）しないことである。特別な面談を必要とする保護
者は自己に対して挫折感をもっていたり，現状に納得していなかったり，反
感等の感情を抱いていたりすることがある。その場合，非難されることに敏
感になったり，保育士の反応を恐れたり，話すべきことと隠すべきことの区
別がつかなかったり，自分の思いを自由に語れなかったりすることが考えら
れる。そのような保護者に対して否定的な言葉はもちろん，「あなたは正し
い」という伝え方や過剰な評価は「審判的」に含まれるため肯定的なメッセ
ージも，時と場合によっては「評価されている」「次は批判されるかもしれ
ない」と保護者が受け取る危険もある。それゆえに，保育士は，保護者を非

難したり，評価したりしていないことが保護者に伝わるような態度で支援していくことが求められる。

⑥ 自己決定

　保護者が自己決定することは，大人として，夫や妻として，また親として成長し，成熟していく上で必要なことである。保護者の人生は保護者自身のものであるため，決断する際の最終決定権を保育士が奪ってはならない。また，保護者がもつ潜在的な自己決定能力を保護者自身が行使できるよう促す支援も求められる。保護者の自己決定を操作・操縦したり，相談内容の解決に対する責任を保育士がとろうとするのではなく，保護者の自己決定をひたすら尊重し，決定に対する責任も保護者にあることを含めて励ますことが保育士には求められる。

⑦ 秘密保持

　保護者の尊厳を守り，信頼関係を形成するため，保護者から聞いた情報に関して本人の同意なしに第三者にその内容を漏らしてはならない。保育士が保護者の意志に反して，打ち明けられた内容を暴露するとすれば，その行為が誰にも損害を与えないとしても，その保護者の人権を侵害することとなる。そのため，保護者や保育同士の立ち話，近年ではSNSにおける発言・発信においても注意を払う必要がある。ただし，保護者が子どもを虐待していたり，その他の法律や他者の権利を侵害していたりする場合はこの限りでなく，保育所内での情報共有や，関係機関や専門職に連絡・相談することが求められる。

3．相談援助におけるコミュニケーションスキル

　ここでは，受容や感情表出の具体的な例として，いくつかのコミュニケーションスキルについて触れる。保護者の状況や支援場面に対応したスキルを効果的に用いることで円滑なコミュニケーションが可能となり，保護者のさらなる語りを引き出すことにつながる。

（1）うなずき，あいづち

　保護者の発言に対し，「うんうん」といったうなずき，また「なるほど」，「そうですか」といったあいづちを使うことは，聞いてもらえていると感じられるため，安心感を得ることができる。ただし，言葉そのものや言い方，あいづちの速さや量などによっては相手への関心の低さや，自分が忙しいため聞く余裕がないといった印象を与えかねない。うなずきやあいづちには，

「聞いている」，「理解している」，「同意」，「聞き手の感情」，「話し手の発話を促す」といったさまざまなメッセージが込められるため，信頼関係の度合いを見極めながら適切な頻度で用いることが鍵になってくる。

（2）繰り返し

保護者が話した内容のなかで，重要と思われる言葉や内容を深めたいと思う言葉を繰り返す。全く同じ言葉でなくとも，その意味や語義を変えずに応答することも含まれる。保護者は自分の述べた言葉を保育士から聞くことで，自分の語った言葉に対する理解をさらに深めることができる。繰り返しが頻繁すぎたり，機械的な繰り返しだったりすると逆効果になってしまうこともあるため，うなずきやあいづちも合間に挟むなどの注意が必要である。

（3）要約，言い換え

要約とは，保護者が語った内容を集約し，要点をまとめることである。保護者の語りを要約することで，保護者が自身の考えを振り返り，整理するのを助け，保護者自身の言いたかったことの明確化が可能となり，また，保育士が正確に話をすべて聞いたことを証明することにもなる。しかし，不適切な要約は保護者からの信頼関係を損なうことにもつながるため，注意が必要である。

また，要約と似ているが，言い換えとは保護者が語った内容を短い区切りで言い換えることである。場合によっては言葉の本質をとらえつつ，別の単語や表現に置き換えることで，保護者が語りたい内容をより明確化したり，別の見方や意味づけでとらえたりするといった効果が期待できる。

演習問題

1．3つのソーシャルワーク実践モデルについてまとめてみよう。
2．バイスティックの7原則についてまとめてみよう。
3．コミュニケーションスキルを用いて，保育士と保護者に分かれて相談面接の
　　練習をしてみよう。

引用・参考文献

F・P・バイスティック著，尾崎新・福田俊子・原田和幸訳（2006）『ケースワークの原則——援助関係を形成する技法　新訳改訂版』誠信書房。

アレン・E・アイビイ著，福原真知子他訳編（1995）『マイクロカウンセリング　"学ぶ—使う—教える"技法の統合——その理論と実際』川島書店。

（大村海太）

コラム3　障害児施設における保護者支援

　障害児施設における保護者支援においては，保護者と施設との関係が重要であることをまず念頭において考える必要がある。そう考えるのは，利用契約において通常保護者が代理人であり，施設の利用に当たっては保護者の理解と協力が不可欠だからである。次に，障害児施設における保護者支援において，保護者と施設がどのように信頼関係を形成し，そのネットワークを構築していったらよいかということを考えていくことが求められる。

　障害児施設を利用する子どもの保護者は「これからこの子をどのように育てたらいいのだろうか」「この子の将来はどうなるのだろうか」という不安な気持ちに陥ることがあるため，施設ではそうした状況に置かれた保護者と向き合い，「これから私たちの施設がお子様と共に歩みます」と受容し共感することが保護者支援の第一歩となる。

　しかし，保護者が率直に子どもの障害を受け入れることは非常に困難なことであることがしばしば指摘されている。時を得て，医師から「障害は病気ではありません」「脳や身体の一部に欠損があり，そのために行動や思考に障害が生じます」「また完全に治癒することはありませんが，本人の努力と周囲のさまざまな支援により障害を緩和することができます」という言葉を保護者と共有することが保護者支援の第二歩となる。

　そして，施設を利用することは新たな出発点であり，障害による社会的不利益をなくして社会生活を支障なく送るというノーマライゼーションの理念を実現するための希望を保護者と共有することが保護者支援の第三歩となる。これによって，共に生きる（共生）を目指した保護者支援が本格的に始動することになる。

　施設では多様な要望が出されるので，それぞれの要望に耳を傾けて，家庭での状況を把握し，保護者との信頼関係を崩さないように支援していくことが求められる。ある障害児施設で，保護者の要望を聴いた際に，以下の7つのニーズが得られたので，ここで紹介する。

　① 常に声がけをして。② 寄り添う支援を。③ 子どもの良いところを褒めて認めて。④ 子どもの行為の元にある気持ちを察して。⑤ 子どもが支援を求めているタイミングを見逃さないで。⑥ 心と身体の交流バランスを重視した支援を。⑦ 健康面の変化に気づきと配慮を。

　ここで何よりも大切に遵守すべきことは「子どものニーズの見極め」である。保護者の要望は子どものニーズではないこともあるため，子どものニーズを正しく理解することで適切な支援計画を立案し実施することが期待される。

　また，定期的に受診している小児科医，小児神経科医，専門医などと連携することにより福祉と医療が一体となって保護者を支援することも重要な点である。加えて，施設保護者会や地域の障害児者の親の会などへの参加を奨励し，保護者間のネットワークを作り，地域福祉情報やレスパイトケアなど必要な福祉サービス情報を提供することも障害児施設における保護者支援においては必要不可欠である。

（谷　寿夫）

第7章　保育士による子ども家庭支援の展開過程

　保育士は，保育の専門性を生かしながらも，社会福祉専門職としてソーシャルワークを軸に子ども家庭支援を展開していく。本章では，その一連の流れについて，ソーシャルワークの展開過程に学びつつ，保育士の専門性や保育環境を活用した子ども家庭支援を展開するためにもつべき視点について理解を深める。

1．子ども及び保護者の状況・状態の把握

（1）ソーシャルワークの視点からとらえる子どもや保護者，家庭の姿

　子どもや保護者の今ある姿は，身体的・心理的・社会的（bio-psycho-social）な各状況・状態を全体としてとらえるものでなければならない。子どもや保護者の家庭での生活は，それらが複合的に組み合わさって成り立っているものであって，ある出来事やある情動にはそうなるべき理由があり，背景がある。これを生活の全体性と呼び，ソーシャルワークが体系化されていくプロセスにおいてその固有の視点のひとつとして焦点とされてきた。

　図7-1は，ソーシャルワークの視点からとらえた保育士の働きかけの方向性を表した図案である。保育士は子ども（①）や保護者（②）の双方に働きかけるとともに，その専門性や保育環境を生かしながら，子どもと保護者の関係性をつなぐ働きかけ（③）をおこなっている。そして，家庭を取り巻

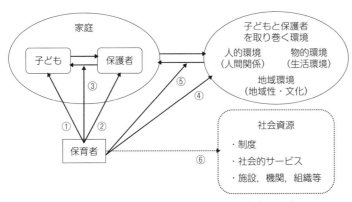

図7-1　ソーシャルワークの視点からとらえる保育士の働きかけ

注：必ずしも⑥を活用した支援が，保育士の主たる業務の範疇とはいえないため，
　　点線で示している。

出典：渡邊慶一（2020）「社会的養護とソーシャルワーク」成清美治・真鍋顕久
　　編著『社会的養護』学文社，102-115頁，を筆者により一部修正。

くさまざまな環境を視野に入れながら関係調整（④⑤）をおこなっている。ケースによっては，社会資源との連携・協働により支援（⑥）がおこなわれる。

　子どもや保護者は，人間関係や生活環境，地域環境などの社会関係から影響を受けながら生活しており，その影響は身体的側面や心理的側面にも影響を及ぼすことになる。また，身体的側面や心理的側面の変化は，社会的側面に影響をもたらしている。こうした各側面のつながりや関連性を把握しながら子ども家庭支援は展開される。

　保育士が担う子ども家庭支援は，保育所や社会的養護関連施設を始め，地域の実情を踏まえた上で多様な機関・施設で展開されるものであるが，本章では2018年の保育所保育指針，保育所保育指針解説を例として挙げながら，子ども家庭支援の展開について考えていくこととする。

　保育所保育指針「第1章　総則」における「1　保育所保育に関する基本原則　（三）保育の方法」では，「ア　一人一人の子どもの状況や家庭及び地域社会での生活の実態を把握するとともに，子どもが安心感と信頼感をもって活動できるよう，子どもの主体としての思いや願いを受け止めること」また「カ　一人一人の保護者の状況やその意向を理解，受容し，それぞれの親子関係や家庭生活等に配慮しながら，様々な機会をとらえ，適切に援助すること」と，記述している。

　子どもや保護者の生活の拠点となる家庭が置かれた状況を見極める目を持つということは，そのありのままの姿を適切にとらえるとともに，当事者としての心情を理解しようとする姿勢を保持することに他ならない。こうした保育士の理解的態度が，子ども家庭支援の起点となる。

（2）ソーシャルワークを軸とした子ども家庭支援の展開過程

　ソーシャルワークを軸として考える時，子ども家庭支援は図7－2のような展開過程で表すことができる。なお，この展開過程は，一般社団法人日本ソーシャルワーク教育学校連盟（2021）によるソーシャルワークの展開過程に基づいている。

　子ども家庭支援の段階は，【ケースの発見とエンゲージメント（インテーク）】に始まる。子ども家庭支援の入口段階はケースの発見であり，子どもの様子の変化，日常の送迎時や家庭訪問等に感じた保護者の様子など，保育士の気づきから始まることが多い。あるいは，日常の出会いを通じて，不意に保護者が悩みや困りごとを訴えるかもしれない。その性質もさまざまで，日々の子育てから生じる悩みもあれば，家庭事情から生じる深刻な生活課題の場合もある。その後，エンゲージメント（インテーク）と呼ばれる，初期

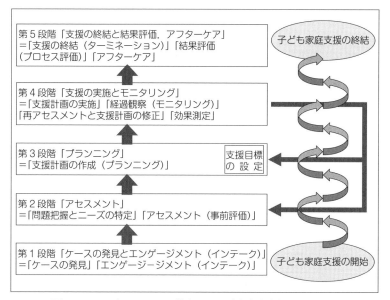

図7-2　ソーシャルワーク軸とした子ども家庭支援の展開過程
出典：新川泰弘，（2021）「ソーシャルワークの展開過程と評価」芝野・新川・山縣編著
　　　『社会福祉入門』，66頁，を筆者により修正。

対応へと移行する。従来，ケースを受理する初期の面接を意味する「インテーク」という呼び名が使われていたが，近年ソーシャルワークでは，支援の場における出会いと協働作業を意味する「エンゲージメント」という語句が使用される傾向にある。保育士による子ども家庭支援においては，語句が意図するところから，インテークよりもむしろ，子どもの最善の利益とともに家庭の幸せの実現を目指しながら保護者とのパートナーシップを築いていくという意味で，エンゲージメントを用いる方がこの段階の呼称としてふさわしいといえる。

　この段階では，子どもや保護者，家庭がどのような状況のなかで課題を抱えているのかを理解し，丁寧な対応を心がけなければならない。ここで信頼感を得ることができなければ次の段階に移行することができない。また，ケースの性質によっては，他の専門機関に対応を委ねることになる。

　次に，【アセスメント】によって，効果的かつ効率的な支援のために，正確な情報を得ることで，生活課題がどのような状況において発生したものであるのか明らかにしていく。実態に応じた現実的な計画の作成のために，集約された情報は整理・分析される。アセスメントは情報を収集し，分析することであるが，子ども家庭支援の領域では，"見立て"という柔らかい表現が好んで用いられる。この段階における見立てには，子どもや保護者の現状に対する受けとめを把握することや，子どもや保護者の強みや持ち味，可能性などを見極めるという要素をも含んでいる。

アセスメントに基づいて支援計画を作成する段階が、【プランニング】である。子ども家庭支援、とりわけ保育の領域では、"手立て"という表現を用いることがあり、目的を達成するための手段を意味している。実現を目指す具体的な目標を設定し、取り組む内容を決定していく。日々の保育や保護者の様子を観察するなかで、課題解決のための手がかりとして新たな情報を得ることがある。その結果、再びアセスメントの段階に立ち返ることにより、実際に応じた解決の手立てを導き出していくことが必要となる。

支援計画に基づき、支援を実施する段階が【支援の実施とモニタリング】である。保育士の支援行動には、子どもや保護者に対する直接的な働きかけと、保育環境や社会資源を用いる間接的な働きかけがある。保育の専門性を背景として、前者は送迎時や保護者面談などの対話の機会が、後者はおたよりや掲示物などを用いる方法、季節ごとの行事への参加、園庭開放や保育体験の場づくりなどの機会が活用される。また、特別な配慮が必要なケースでは他の専門機関・施設との協働が必要となる。

支援の実施後、子どもや保護者、生活状況の変化について観察し、支援内容の効果について評価・検証することを「モニタリング」という。経過を観察しながら、必要に応じて再びアセスメントやプランニングの段階に立ち返り、支援計画を修正する必要性も生じる。

【支援の終結と結果評価、アフターケア】では、支援を実施した上での、支援内容の適切さやその効果、状況の変化などから、組織的に検討・評価をおこなうことになる。そして、おおむね課題が解決し、残す課題も家庭での対応が可能であることが確認できた場合、支援の終結を迎えるが、事後の状況によりアフターケアによるフォローが必要なケースもある。また、必ずしも幸せな終結を迎えるケースばかりではない。保護者の転居や死亡による終結や、困難なケースは他機関の送致により終結する場合もある。

（3）子どもや保護者の状況・状態の把握とアセスメント

保育がおこなわれる場では、子どもや保護者の状態を把握することができる機会が随所にみられる。日々の保育から子どもの姿をとらえることのみならず、送迎時、連絡ノート、保護者面談・懇談会（保護者会）・家庭訪問などから保護者や家庭の様子を考察することができる。子どもと保護者の関係性や、子どもの育ちに対する保護者の思いや考え方、生活状況など、子ども家庭支援に結びつく多くの情報を得ることができる。

図7-3は、児童福祉施設のひとつとしての保育所にみる家庭に生じる生活課題の多様性を表している。先に挙げたようなさまざまな機会から子どもや保護者、家庭の状況を見通し、一定の判断を導き出していくことが次の段

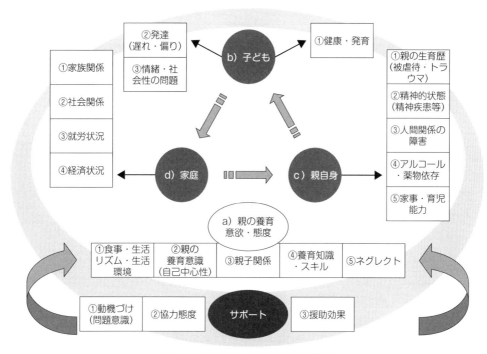

図 7-3　保育所からみえる家庭の課題

出典：金子（2010：100）。

階に入っていくために必要となる。

　子どもの最善の利益を図るということは，家庭の安定や生活の拠点としての地域の暮らしやすさを求めるということであり，保育士が家庭や地域が抱える課題を見極める目をもち，子どもや保護者の変化に対する感受性を高めることの必要性を意味している。

　先に述べたとおり，アセスメントは，子どもや保護者の状況について情報を収集し，分析を加える段階であるが，アセスメントのために用いられる手段をアセスメントツールと呼んでいる。アセスメントツールには，対象者の基本情報や生活課題の背景となる情報を聴き取りまとめるフェイスシートや，家庭全体の状況を整理するため文章やチェックリストなどで記述されるアセスメントシートがある。それと併用して用いられる，視覚的に子どもと家庭の置かれた状況を表すマッピング（図示化）の方法も有効な手段である。マッピングには，三世代以上の家系図を描くことにより世代間の関係性や影響などについて理解を促進する「ジェノグラム」（家族樹）や，家庭と地域の社会資源とのつながりを広く描く「エコマップ」（生態図）があり，事例を可視化する技法として知られる。

2. 支援の計画と環境の構成

（1）子ども家庭支援の計画

　子ども家庭支援は，保育士の意図的な働きかけである。子ども及び保護者への支援を必要とするケースは，まさしく現実問題として子どもや保護者が抱えている課題であり，子どもや保護者が体現する家庭全体の抱える課題だといえる。

　保育士は，事実のみに心を奪われることなく，その背後にある事実を生み出した要因について分析を加え，効果的な解決方法を選択する必要がある。それが現実的な対応へとつながっていく。そのためには，実態や事実関係をふまえた段階的な「計画」（手立て）の設計が欠かせない。

　図7-4は，子ども家庭支援における保育所内の展開過程である。保育所内の支援の流れが具体的に示されたものである。子ども家庭支援は，担当保育士が責任を丸がかえしておこなわれるものではなく，保育所全体での役割分担や園内での連携，担当者に過重な負担が生じないようなバックアップの体制などを考慮して実施される。そして，とりわけ特別な配慮を必要とする家庭への支援は，園内での支援の流れ，支援目標や課題などについて共有化

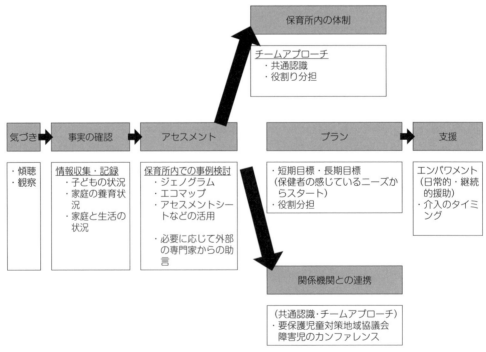

図7-4　保育所内の支援の流れ

出典：金子（2010：124）。

を図りながら，地域における関係機関・施設等との支援体制を築いていくなかで，多様な側面から対象者に対する理解をもち，課題解決のためのアプローチを展開していくのである。

　計画の設計にあたっては，目標の設定が不可欠である。目標を共有しながら支援が展開されるが，長期的な視点で大きな目標を設定した上で，より手が届きやすい短期・中期の目標を設定し，段階的に達成していくことが有効な手立てとなる。

（2）子ども家庭支援における環境の構成

　保育所保育指針「第4章　子育て支援」では，保育所における保護者に対する子育て支援の原則について，「子どもの保育に関する専門性を有する保育士が，各家庭において安定した親子関係が築かれ，保護者の養育力の向上につながることを目指して，保育の専門的知識・技術を背景としながら行うもの」であり，「子どもの最善の利益を念頭に置きながら，保育と密接に関連して展開されるところに特徴がある」とされている。

　保育所等の児童福祉施設は，日々子どもが通う場であり，日常生活を過ごす場でもあるため，子どもへの援助がおこなわれるとともに生活に配慮された環境にある。人・物・空間により構成される環境にあって，保育士や栄養士などの専門性を有する職員が継続的に一貫性のある支援を展開することが可能である。こうした場の特性を生かしながら，子どもや保護者が安心感をもち，直接的にも間接的にも温かいまなざしが注がれているということが実感できる環境構成を心がけたいところである。

　日々，子どもや保護者とかかわる保育士のあり方は環境を構成する重要な要素を成している。言語および非言語のコミュニケーションの質が，子どもや保護者に直接的な影響を及ぼすからである。言葉遣いや立ち居振る舞いなどへの配慮が保育士への信頼感にもつながる。また，保育士と子どもがかかわり合う姿は子育てのモデルにもなり得るものである。

　遊具や絵本，人形などの配置や展示，壁面製作や子どもの作品などの掲示物は，子どもの活動の様子や園の取り組みの一端に触れることができるという点で，園での子どもの姿や園の活動を理解する機会となる。

　また，柔らかく温かい空間構成に配慮したいところである。落ち着いた色彩や季節感が感じられる小物や装飾などをコーディネートすることによって，居心地のよい空間を演出することができる。こうした空間づくりに細やかな園側の配慮がうかがえ，保護者にとって子どもを預ける上での安心感につながり，子育て支援の環境構成に結びつくものである。

（3）計画の実施における支援体制の構築

　計画の作成にあたっては，関係機関との連携を想定して一定の見通しをもっておくことも必要となる。特別な配慮を必要とするケースにおいては，他機関・多職種との連携が求められるケースが多く，社会資源に対する知識や各機関や専門職種の役割を理解しておかなければならない。

　保育所保育指針解説「第4章　子育て支援」の「1　保育所における子育て支援に関する基本的事項　（1）保育所の特性を生かした子育て支援」では，地域の関係機関等との連携について記されている。

　関係機関との連携が必要されるケースにおいては，各関係機関等の役割について把握し，緊密な連携を図ることが必要となる。保育所保育指針解説では，市町村の母子保健部門や子育て支援部門など，要保護児童対策地域協議会，児童相談所，福祉事務所（家庭児童相談室），児童発達支援センター，児童発達支援事業所，民生委員，児童委員（主任児童委員），教育委員会，小学校，中学校，高等学校，地域子育て支援拠点，地域型保育（家庭的保育，小規模保育，居宅訪問型保育，事業所内保育），市区町村子ども家庭総合支援拠点，子育て世代包括支援センター，ファミリー・サポート・センター事業（子育て援助活動支援事業），関連NPO法人などが，特に連携を図るべき関係機関等として挙げられている。

3．支援の実践・記録・評価・カンファレンス

（1）子ども家庭支援における実践

　保育所保育指針「第1章　総則」の「1　保育所保育に関する基本原則（二）保育の目標」で「イ　保育所は，入所する子どもの保護者に対し，その意向を受け止め，子どもと保護者の安定した関係に配慮し，保育所の特性や保育士等の専門性を生かして，その援助に当たらなければならない」とされ，「（三）保育の方法」では「カ　一人一人の保護者の状況やその意向を理解，受容し，それぞれの親子関係や家庭生活等に配慮しながら，様々な機会をとらえ，適切に援助すること」とされる。

　保育所保育指針解説には，保育士の専門性として，①これからの社会に求められる資質を踏まえながら，乳幼児期の子どもの発達に関する専門的知識を基に子どもの育ちを見通し，一人ひとりの子どもの発達を援助する知識及び技術，②子どもの発達過程や意欲を踏まえ，子ども自らが生活していく力を細やかに助ける生活援助の知識及び技術，③保育所内外の空間や様々な設備，遊具，素材等の物的環境，自然環境や人的環境を生かし，保育の環境を構成していく知識及び技術，④子どもの経験や興味や関心に応じ

て，様々な遊びを豊かに展開していくための知識及び技術，⑤ 子ども同士の関わりや子どもと保護者の関わりなどを見守り，その気持ちに寄り添いながら適宜必要な援助をしていく関係構築の知識及び技術，⑥ 保護者等への相談，助言に関する知識及び技術，の6つが挙げられている。

　①から⑤までが子どもへの保育技術であり，⑥が保護者への保育相談支援技術である。保護者への支援を展開していく際も，保育士の専門性である①から⑤が活用される。保育の現場では，こうした保育士の専門性を生かし，直接的対話や間接的対話を用いた支援により，保護者支援を展開していくことになる。

　送迎時の対話や家庭訪問のみならず，保護者懇談会は保護者同士が出会い，交流を深め，情報交換や心理的な支えにつながる場ともなろう。そうした集団性が生まれる反面，保護者間のトラブルが発生することもあり，保育士は神経を使うこともあるが，こうした機会を見逃さず，保護者間の円滑な関係性を仲立ちしていく。保育参観，季節ごとにおこなわれる行事への参加は子どもの成長した姿に触れる機会となり，その姿を通して保護者と保育者が共に喜び合い，子どもの姿を媒介として対話することができる。また，連絡帳や保護者へのおたよりなどは，直接的対話ではないが，保育士が日々の子どもの姿を伝えたり，保護者の思いを知る手がかりとしたりするなど，文字を用いた保護者支援の有効なツールとなっている。

　地域の子育て家庭に対する保育体験や園庭開放などのプログラムも，保育の場への理解を深めるためにも，その社会的責任としておこなわれている。児童福祉施設には全般的にいえることであるが，地域の社会資源のひとつとして，子育て家庭への相談・助言の役割が期待されている。

　子ども家庭支援では，こうしたさまざまな場面により保育士の専門性を発揮することもさることながら，同時に，ソーシャルワークの専門援助技術を生かしながら実践を展開していくことが必要なのである。

（2）子ども家庭支援の記録と評価

① 記録がもつ意味

　日々の保育や保護者への対応などで蓄積された記録は，支援の一貫性や継続性を保障するために不可欠な手続きであり，支援に活用されるべきものである。客観的な事実や，子どもや保護者とのかかわりを通して保育士の気づきや理解を丁寧に書き留めることにより，子ども家庭支援は一定の根拠に基づいたものになっていく。子どもと保護者の生活には，切れ目がない。その連続性を日々書き留めることが，ブレのない子ども家庭支援につながっていく。

したがって保育士には，子どもや保護者，家庭の状況に対する実際や気づきなどをありのままに書き留める技術が求められており，それが専門職間で共有されることにより，確かな支援の道筋がみえてくるのである。

② 記録の方法

　記録には，時系列により出来事が起こった時間順に記述される「時系列記録」と，とりわけ記すべきエピソード場面を保育士等の考察も交えて記述する「エピソード記録」がある。また，記録の文体には，叙述体，説明体，要約体がある。

　「叙述体」は，支援の経過を追って経過や事実関係がありのままに記述される文体であり，なかでも子どもや保護者との対話の流れを正確にまとめたものを逐語録と呼ぶ。「説明体」は，保育士の考察や気づき，支援の見通しなどをふまえて記述がなされる。印象的な場面について，その様子が他の専門職種にも伝わるように，自らがどのように対応し，どのように考えたか，保育士等の視点も交えて書き綴っていく，エピソード記録で多く用いられる方法である。これらの記録に対して，事実関係を損なわないよう要点をまとめて記述する文体が「要約体」であり，ポイントを絞り込んで記録する技術も保育士には求められる。

　また，医療・看護関係者の間で用いられてきた SOAP 記録も，問題志向型システム（POS：Problem Oriented System）による記録法として知られる。Subjective data（主観的情報），Objective data（客観的情報），Assessment（考察・意見），Plan（計画）により構成される。Subjective data（主観的情報）には本人が語った主観性の高い会話から得られた情報が含まれ，Objective data（客観的情報）は誰の目から見ても明らかな客観性の高い情報や具体的な行動が含まれる。Assessment（考察・意見）はそれらの情報に基づく判断であり，Plan（計画）は判断に基づき考えられる支援内容や環境構成を指す。

　また，先に述べたアセスメント・ツールとしてのマッピング（図示化）も交えながら，視覚的に表すことも効果的である。あるいは，保護者と保育士の信頼関係を培うという点においては，子どもの成長の歩みを実感することができるポートフォリオ（育ちのアルバム）を作成し，保護者に保育の内容を理解してもらうことも，子ども家庭支援における試みのひとつとしてとらえることができる。

③ 評価の方法

　保育所保育指針「第1章　総則」の「3　保育の計画及び評価　（一）全

体的な計画の作成」では,「イ　全体的な計画は,子どもや家庭の状況,地域の実態,保育時間などを考慮し,子どもの育ちに関する長期的見通しをもって適切に作成されなければならない」とされる。子ども家庭支援もこれを推進していくための一助となる。

　こうした全体的な計画を推進したり,子ども家庭支援の質を高めたりするために欠かせないのが,一連の実践に対する評価である。もとより,保育所保育指針「第1章　総則」の「3　保育の計画及び評価」では,保育の質を高めるために保育士等や保育所が組織的に自己評価をおこなう必要性が述べられている。また,評価を踏まえて,計画や保育内容の改善を図ることに留意することが記述される。子ども家庭支援も同様である。

　評価には,結果に対する評価と支援の過程に対する評価がある。結果に目を奪われがちであるが,子どもや保護者の変化,支援の効果性や短期・中期の目標の達成度などに目を向けて,改善や練り直しを図ることが重要である。自己評価だけではなく,経験豊かな保育士等からスーパービジョンを受けることも日々の保育や家庭支援のあり方を見直すために必要であるし,第三者評価による組織的改善も求められる。

　図7-5は,PDCAサイクルからとらえた保育における全体的な計画と評価である。家庭の状況や地域の実態も含めて子ども育ちに対する長期的見通しもって全体的な計画は立てられるが,計画に対する評価・検証の方法として,今,活用されているのがPDCAサイクルである。計画を実行に移したら,評価することにより計画や実行された内容を見直して改善を図り,さら

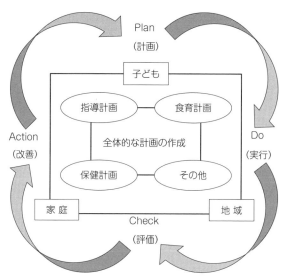

**図7-5　PDCAサイクルからとらえた保育における全体的
　　　　な計画と評価**
出典：厚生労働省編（2018）を参考に筆者作成。

なる計画，実行へとつなげていく。

　こうした循環的な流れが子ども家庭支援を巻き込みながら，全体的な計画として機能していくのである。この終わりなきサイクルによって，保育士の専門性や組織全体の質的向上に努めることが社会的に求められているといえよう。

（3）子ども家庭支援におけるカンファレンス

　保育所保育指針「第5章　職員の資質向上」の「3　職員の研修等　（1）職場における研修」において，「職員が日々の保育実践を通じて，必要な知識及び技術の修得，維持及び向上を図るとともに，保育の課題等への共通理解や協働性を高め，保育所全体としての保育の質の向上を図っていくためには，日常的に職員同士が主体的に学び合う姿勢と環境が重要であり，職場内での研修の充実が図られなければならない」とされる。

　こうした研修機会にカンファレンスがあり，保育士のみならず，組織を構成するあらゆる専門職種が集まることにより，ある事例について検討したり，実践を振り返り，学び合う機会となったりしている。保育士が子ども家庭支援の質の向上を目指すためにも，定期的なカンファレンスの実施が必要である。また，ひとつの機関・施設内部にとどまらず，関係機関・施設が協働して取り組み，合同カンファレンスがおこなわれる場合もある。

　いずれにしても，子どもや保護者，家庭全体への理解を深め，支援方針を共有し，支援を展開していくにあたっての目標や課題，支援方法や支援の効果などについて検討する場となっている。

　カンファレンスを実施するためには，事例提供者は事例の一連の流れをまとめた資料を準備することになる。他の専門職種が情報を共有することができるような具体的な記述が求められる。文字に起こしていく過程において，事例提供者は自ら実践を振り返り，新たな気づきを得ることができるし，カンファレンスの参加者の意見や質問に応え，思考するなかで，自らかかわってきた事例を客観的にとらえ，実践を編み直すことができる。カンファレンスは，事例提供者を詰問する場ではない。参加者にとっても，共感的に事例を受けとめることによって，自身の子ども家庭支援の実践に反映させることができる貴重な機会なのである。

> **演習問題**
>
> 1．ソーシャルワークを軸とした子ども家庭支援の展開過程の概要についてまとめてみよう。

2．アセスメント・ツールとしてのマッピング技法（ジェノグラム，エコマップ）の特色について調べてみよう。
3．PDCA サイクルについて理解するために，PDCA サイクルの観点から，実習体験を振り返ってみよう。

引用・参考文献

一般社団法人日本ソーシャルワーク教育学校連盟編（2021）『最新　社会福祉士養成講座・精神保健福祉士養成講座　ソーシャルワークの理論と方法［共通科目］』中央法規出版。
金子恵美（2010）『増補　保育所における家庭支援——新保育所保育指針の理論と実践』全国社会福祉協議会。
厚生労働省編（2018）「保育所保育指針解説　平成30年 3 月」フレーベル館。
成清美治・真鍋顕久編著（2017）『家庭支援論・保育相談支援』学文社。
成清美治・真鍋顕久編著（2020）『社会的養護』学文社。
新川泰弘（2021）「ソーシャルワークの展開過程と評価」芝野松次郎・新川泰弘・山縣文治編著『社会福祉入門』ミネルヴァ書房。
社会福祉士養成講座編集委員会編（2015）『新・社会福祉士養成講座 7　相談援助の理論と方法Ⅰ　第 3 版』中央法規出版。

（渡邊慶一）

第8章　保育士による職員間・関係機関・専門職の連携・協働

保育士は子ども家庭支援・子育て支援をおこなう際に，さまざまな専門機関と連携しながら支援をおこなっている。本章では，保育士による職員間や関係機関との連携の必要性，連携機関について学ぶこととする。

1．保育所内の職員間の連携

保育所や保育士のおこなう連携について学習する前に，連携の意味について確認しておく。『広辞苑　第7版』(2018) によると，連携は「同じ目的を持つ者が互いに連絡をとり，協力し合って物事をおこなうこと」とあり，協働は「協力して働くこと」とある。また，協力は「ある目的のために心をあわせて努力すること」とある。保育士は，子ども家庭支援・子育て支援をおこなう際，職員間で連携協力体制を整えるとともに，関係機関や専門職と連携しながら，目的を達成するために心をあわせて努力することが求められているのである。

2．保育所が連携する地域の関係機関と専門職

① 児童相談所

児童相談所は児童福祉法第12条や第59条の4に設置根拠をもち，都道府県や特別区，政令指定都市，中核市に設置されている。児童相談所は，「児童の福祉に関する各般の問題について市町村からの送致や家庭その他からの相談に応じ，調査，診断，判定の上，その児童・家庭にとって最も効果的な援助を行うことを業務とする行政機関。必要に応じ，児童の一時保護，児童福祉施設入所・里親等委託等の措置を実施するほか，親権者の親権の一時停止，親権喪失宣告の請求，児童の後見人の専任等の民法上の業務も行っている」行政機関である（柏女，2013）。

児童相談所が受け付ける相談は多岐にわたるが，大別すると，養護相談，障害相談，非行相談，育成相談，その他の相談に分類される。虐待に関する相談は養護相談。性格行動・しつけ・適性・不登校等に関するものは育成相談。里親希望に関する相談・夫婦関係等についての相談等は，その他の相談になる。児童相談所の相談は，相談の受理・調査・診断・判定・援助の経路

を経る。事例によっては，児童の一時保護もおこなう。

　詳細な運営の方針については，児童相談所運営指針により規定をされている。児童相談所運営指針には，市町村との関係や各種機関との関係が定められている。市町村との関係では，まず市町村が一義的に対応し，児童相談所は後方支援的な役割を果たしており，より高度で専門的なケースを扱うようになっている。各種機関との関係では，要保護児童対策地域協議会（子どもを守る地域ネットワーク），福祉事務所，子育て世代包括支援センター，保健所，市町村保健センター，民生委員・児童委員（主任児童委員），児童家庭支援センター，知的障害者更生相談所及び身体障害者更生相談所並びに発達障害者支援センター，里親等または児童福祉施設，保育所，幼保連携型認定こども園との関係，家庭裁判所，弁護士，弁護士会との関係，学校，教育委員会との関係，警察との関係，医療機関，婦人相談所，配偶者暴力相談支援センター，子ども・若者総合相談センター，地域若者サポートステーションとの関係，法務局及び人権擁護委員，民間団体，その他の機関との関係が定められている。

② 家庭児童相談室

　福祉事務所の子ども家庭福祉に関する相談援助業務を強化するため，1964年から創設された。地域住民の第一次的相談窓口として，社会福祉主事や家庭相談員などが配置され，児童相談所の後方支援を得ながら，子ども家庭支援・子育て支援における専門的な相談援助業務を担っている。要保護児童対策地域協議会の事務局機能の強化も求められている。

③ 要保護児童対策地域協議会

　要保護児童対策地域協議会とは，児童福祉法第25条の2で「地方公共団体は，単独で又は共同して，要保護児童（第31条第4項に規定する延長者及び第33条第10項に規定する保護延長者（次項において「延長者等」という。）を含む。事項において同じ。）の適切な保護又は要支援児童若しくは特定妊婦への適切な支援を図るため，関係機関，関係団体及び児童の福祉に関連する職務に従事する者その他の関係者（以下「関係機関等」という。）により構成される要保護児童対策地域協議会（以下「協議会」という。）を置くように努めなければならない」と法定化された，子ども家庭支援のネットワークである。

④ 社会福祉協議会

　社会福祉協議会は民間機関であるが，行政機関や地域住民と協働しながら，

地域福祉を創造していく役割を担っている。地域住民を巻きこみ，地域性を活かした特色のある地域福祉活動が実践されている。また，児童，高齢者，障害者分野の社会福祉施設を運営していることもある。

⑤ 保　健　所

　地域保健法第5条に設置根拠をもち，都道府県，指定都市，中核市，その他政令で定める市または特別区に設置されている。社会福祉の行政機関ではないが，地域保健法第5条に「保健医療に係る施策と社会福祉に係る施策との有機的な連携を図るため」と謳われており，社会福祉との連携を想定し設置されている。

⑥ 幼保連携型認定こども園

　幼保連携型認定こども園は児童福祉法第39条の2に設置根拠をもつ施設であり，「義務教育及びその後の教育の基礎を培うものとしての満3歳以上の幼児に対する教育（教育基本法（平成18年法律第120号）第6条第1項に規定する法律に定める学校において行われる教育をいう。）及び保育を必要とする乳児・幼児に対する保育を一体的に行い，これらの乳児又は幼児の健やかな成長が図られるよう適当な環境を与えて，その心身の発達を助長することを目的とする施設」である。

⑦ 児童厚生施設

　児童厚生施設とは児童福祉法第40条に設置根拠をもつ施設であり，「児童遊園，児童館等児童に健全な遊びを与えて，その健康を増進し，又は情操をゆたかにすることを目的とする施設」である。

⑧ 児童発達支援センター

　児童発達支援センターとは児童福祉法第43条に設置根拠をもつ施設であり，「障害児を日々保護者の下から通わせて」サービスを受ける施設である。福祉型と医療型がある。福祉型児童発達センターは「日常生活における基本的動作の指導，独立自活に必要な知識技能の付与又は集団生活への適応のための訓練」が提供され，医療型児童発達支援センターは「日常生活における基本的動作の指導，独立自活に必要な知識技能の付与又は集団生活への適応のための訓練及び治療」が提供される。

⑨ 児童家庭支援センター

　児童家庭支援センターとは，1998年から創設された利用型の児童福祉施設

である。児童福祉法第44条の 2 に設置根拠をもつ施設であり，「児童家庭支援センターは，地域の児童の福祉に関する各般の問題につき，児童に関する家庭その他からの相談のうち，専門的な知識及び技術を必要とするものに応じ，必要な助言を行うとともに，市町村の求めに応じ，技術的助言その他必要な援助を行うほか，第26条第 1 項第 2 号及び第27条第 1 項第 2 号の規定による指導を行い，あわせて児童相談所，児童福祉施設等との連絡調整その他厚生労働省令の定める援助を総合的に行うことを目的とする施設」である。児童養護施設など，基幹的な児童福祉施設に併設されている。児童福祉司の任用資格をもつものが相談援助をおこない，地域での相談支援や，措置児童の家庭調整をおこなっている。2009年度から，児童福祉施設への付置要件が廃止になっている。

⑩　民生・児童委員

　民生委員法第 1 条に「社会奉仕の精神をもって，常に住民の立場にたって相談に応じ，及び必要な援助を行い，もって社会福祉の増進に努めるものとする」と定められている，無償ボランティアである。都道府県知事の推薦により，厚生労働大臣が委嘱をおこない，任期は 3 年である。民生委員は，児童委員も兼ねている。民生・児童委員は担当する地域があるが，担当地域のない主任児童委員もいる。

⑪　子育て支援員

　2015（平成27）年度より開始された，子ども・子育て支援制度によりできた人材である。各種保育施設で，保育の補助的業務をおこなう。「日本再興戦略」改訂2014（平成26年 6 月24日閣議決定）により，「小規模保育，家庭的保育，ファミリー・サポート・センター，一時預かり，放課後児童クラブ，地域子育て支援拠点等の事業や家庭的な養育環境が必要とされる社会的養護については，子どもが健やかに成長できる環境や体制が確保されるよう，地域の実情やニーズに応じて，これらの支援の担い手となる人材を確保することが必要」という趣旨に基づき創設された。子育て支援員になるためには，都道府県又は市長町により実施される「基本研修」と「専門研修」を修了し，「子育て支援員研修修了証書」の交付を受け，子育て支援員として保育や子育て支援分野の各事業等に従事する上で必要な知識や技術等を修得したと認められる必要がある。

　「基本研修」は，各事業等に共通し，子育て支援員としての役割や子どもへのかかわり方を理解し，子育て支援員としての自覚をもつことを目的に，子育て支援員として最低限修得しておくことが必要な子育て支援に関する基

礎的な知識・原理・技術・倫理についての修得を目的としている。「専門研修」は，放課後児童コース，社会的養護コース，地域保育コース，地域子育て支援コースから成り，保育や子育て支援分野の各事業等に従事するために必要な子どもの年齢や発達，特性に応じた分野の専門的な知識・原理，技術・倫理などの習得を目的としている。いずれか1つのコースの全科目を修了していることが必要になる。

この2つの研修は，栗原によると，「これらの研修は，子ども・子育て支援法（平成24年法律第65号）に基づく給付又は事業として実施される小規模保育，家庭的保育，ファミリー・サポート・センター，一次預かり，放課後児童クラブ，地域子育て支援拠点等の事業や家庭的な養育環境が必要とされる社会的養護について，子どもが健やかに成長できる環境や体制が確保されるよう，地域の実情やニーズに応じて，支援の担い手の人材を確保するとともに，子育て支援員の質の確保を図ることを目的としている」と述べている（栗原，2015）。

⑫ 利用者専門相談員

利用者専門相談員は，2015（平成27）年度より開始された「子ども・子育て支援制度」に創設された，「利用者支援事業」のなかに定められた人材である。「利用者支援事業」とは，「地域子ども・子育て支援事業」のひとつで，「子どもや保護者の身近な場所で，教育・保育施設や地域の子育て支援事業等の利用について情報収集を行うとともに，それらの利用に当たっての相談に応じ，必要な助言を行い，関係機関等との連絡調整等を実施する事業」である。利用者専門相談員は，個別の子育て家庭のニーズを把握して，適切な施設・事業等を円滑に利用できるよう支援（「利用者支援」）する。また，利用者支援機能を果たすために，日常的に地域のさまざまな子育て支援関係者とネットワークの構築，不足している社会資源の開発を実施しているコーディネータの役割を果たす（「地域連携」）。各地域の子ども・子育て事業計画に基づき展開されている子育てサービスのなかから，保護者が適切なサービスを選択し円滑な利用ができるように，情報提供や助言をおこなう相談員である。換言すれば，相談対応（来所受付・アウトリーチ），個別ニーズの把握，助言・利用支援，ネットワークの構築・社会資源の開発をおこなっており，子ども・子育て支援制度でのケアマネージャー的な存在を担っている。

利用者専門相談員は，保育，児童福祉，教育，子育て支援の各種施設で職員になる資格を有している者，地域の子育て事情や社会資源に精通している者を充てることができる。

3．保育士がおこなう連携の実際

（1）2つの次元の連携

　保育士が連携をおこなう際は，2つの次元での連携が考えられる。1つは，自身が所属している組織内での連携である。つまり，同僚との連携である。もう1つは，所属組織を超えた他機関との連携である。いずれの場合でも，複数の専門職や専門機関が一人の子どもや保護者を支援していくので，チームアプローチでの支援となる。近年，子どもや保護者のニーズが多様化・複雑化しているので，一人の保育士が抱え込まずにチームで支援していくことは重要になる。

（2）チームアプローチにおける役割分担

　所属組織内でのチームアプローチにせよ，他機関とのチームアプローチにせよ，大切になるのは役割分担である。ケース会議の構成メンバーや他機関との会議に出席するのは誰か，子どもや保護者に直接寄り添い観察や傾聴し状況を把握するのは誰か，支援の計画を立てるのは誰か，支援計画に基づき実際に支援していくのは誰か，チーム内でのフォローやバックアップの体制はどうなっているのか等を決めておくと連携がしやすい。

（3）連携方法

　具体的にどのような連携方法をおこなえばよいかは，子どもや保護者のニーズや支援の目的等の観点から総合的に選択される。どれか1つの方法のみをおこなうだけでなく，複数の方法を併用して使うとより効果的である。

① 電話での情報共有…比較的手間がかからず頻繁におこなえ，リアルタイムな連携がとれる。スケジュールの調整がなく，時間的な拘束も少なくて済む。しかし，相手が不在の場合，リアルタイムな連携・協働ができない。

② 電子媒体を使った情報共有…電話でのやり取りと比べ，履歴がしっかりと残る。情報の発信側，受け手側共に，自分のペースでその情報に触れることができる。しかし，即時的な情報共有はおこなえず，タイムラグが発生する。さらに，メールや添付資料を作成する手間がかかってくる。

③ 紙媒体での情報共有…履歴が残る。電子媒体よりも，かしこまった感じがでる。情報の発信側，受け手側共に，自分のペースでその情報に触

れることができる。しかし，即時的な情報共有はおこなえず，タイムラグが発生する。さらに，書状や添付資料を作成する手間や郵送費用が発生する。

④ 対面で情報共有…直接会うため，信頼関係が醸成されやすく，電話，電子媒体，紙媒体よりもその場で細かい部分まで確認ができ，コミュニケーションに齟齬が生じにくくなる。ただし，スケジュールの調整や出向くための時間が拘束される。事前にアポイントが必要な場合もある。

⑤ ケース会議を開き支援計画を作成し支援する…着実に連携・協働がとれる。連携・協働が進むにつれ，お互いの専門性や役割分担が明確になり，多面的で効果的な支援ができる。半面，支援計画の作成や会議を開くことへの時間や労力が割かれる。

⑥ 共同して何らかの催事を企画する…例えば，複数機関が共同し，地域で子育て講座を企画する等が考えられる。確実に関係機関や専門職と連携・協働がとれる。お互いの専門性や役割分担が明確になる。半面，企画を練り実施するまでに，多くの時間と労力が割かれる。

⑦ 共同して何らかのソーシャルアクションを起こす…例えば，政府や地方公共団体へ，陳情や政策提言をおこなうこと等が考えられる。よりダイナミックに，子ども，保護者，周りの環境が変動する。半面，緻密な実態調査や提言文章の作成等，より多くの時間と労力が割かれる。

4．分野別にみる連携・協働の仕方

（1）発達に関する支援

　保育士が発達に関する連携をしなくてはならない場合としては，障害の有無の見極めや，障害児に対する専門的なケアの知識や技能を必要とする場合等がある。障害の有無の見極めに関しては，児童相談所や福祉事務所と連携をする必要がある。その後の療育については，児童相談所や福祉事務所以外に，児童発達支援センター，児童家庭支援センター等との連携が必要になる。
　児童相談所の児童福祉司，児童心理司，医師等と連携をし，発達や障害の有無の見極めをしてもらう。児童発達支援センター，児童家庭支援センターの保育士等と連携をし，具体的な療育方法の確認やノウハウの指導をしてもらう等の連携の仕方ができる。

（2）保育・教育内容に関する支援

　保育や教育内容に関しては，まずは小学校との連携・協働である。各種指針で，幼児教育と小学校教育とのスムーズな連携・協働や一体化が求められ

るようになっている。したがって，保育士と教師が，日頃から保育参観や授業参観を通じて，保育や支援，授業の共通理解を図っておく必要がある。情報や意見交換の場が定期的にあるとよい。従来から，保育所と小学校とは，年長児の引継ぎのために交流や書類の引継ぎをしているが，より一層の密な交流が求められてくる。

　また，障害児支援では療育分野の専門機関や専門職との連携・協働が考えられる。子どもや保護者，家庭の情報共有や，知識や技能のレクチャー等が考えられる。

（3）家庭の形態に関する支援

　共働き，ひとり親家庭，ステップファミリー，同居家庭等，現代では様々な家庭の在り方がある。家庭状況の情報が把握できた場合は，関係機関と情報共有しておくとよい。

　家庭の数だけ，困難になる状況も多様である。まずは見守りをし，支援が必要になる前の予防的なかかわりが求められる。支援が必要になった場合は，必要な機関や専門職が連携・協働し支援をおこなっていく。

（4）きょうだいに関する支援

　未就学児，小学生，中学生，高校生とそれぞれにきょうだいがいる可能性も考えられる。家族システム論やエコロジカルな視点に立てば，きょうだい同士何かしらの相互作用は起きている。したがい，それぞれのきょうだいがいる学校やその担任教師と情報共有しておくと保育や支援に役立つ。

　妊娠，出産に関しては，保健所と情報共有し，産前，産後のケアをおこなっていくとよい。

（5）要保護児童に関する支援

　貧困，虐待，DV等，要保護児童に該当するような家庭状況に至っては，まず児童相談所，福祉事務所，警察等と連携をし緊急性の見極めをしなくてはならない。

　家庭が貧困状態にある場合には，福祉事務所や社会福祉協議会と連携をする必要がある。保護者に対し生活保護や各種貸付制度の情報提供や，それぞれの窓口へつなげなくてはならない。

　虐待事案等で緊急性がある場合は，児童相談所や警察と連携をして一時保護をおこなわなくてはならない。その後は，子どものニーズに沿った各種児童福祉施設へ措置されていく。一時保護所の保育士や，各種児童福祉施設の社会福祉士，保育士，看護師，介護福祉士等と連携をし，保護されるまでの

子どもや家庭の様子の情報提供等をおこなう必要がある。

　緊急性がない場合も，要保護児童対策地域協議会を設置し，福祉事務所，保健所，学校，社会福祉協議会，警察，民生・児童委員らと情報共有しながら地域で見守っていく。

（6）孤立に関する支援

　家庭が孤立してしまうと，保護者は妊娠，出産に関する不安や，子育てに関するストレスが高まってくる。結果，虐待等にもつながってくる。そこで，妊娠時期から，子育て世代包括支援センターや保健所，保健師等がかかわり，妊娠，出産，産後のケアをおこなっていく必要がある。

　産後は，地域子育て支援拠点事業を活用し，専門職とつながることはもちろん，いわゆるママ友と出会うきっかけ作りをすることが求められる。

　孤立の悩ましい点の1つは，社会との接点が切れてしまうことである。したがって，関係各所と連携・協働し，アウトリーチ的な支援方法が求められる。

（7）精神疾患がある保護者の家庭への支援

　このようなケースの場合，保護者，子ども共に情緒が安定しなかったり，ストレスを抱えたりする。結果，虐待等にもつながっていく。まずは，医療機関と連携し，保護者の医療的ケアをおこなっていかなくてはならない。そして保育所や地域子育て支援拠点事業，ファミリー・サポート・センター事業等を使用しながら，保護者の子育て負担の軽減を図っていくことが求められる。

（8）外国にルーツをもつ家庭への支援

　外国にルーツをもつ家庭は，言語，文化，宗教の面でハンディキャップを負う。しかし，子どもは保育所や学校を通じ，日本の言語，文化，宗教に馴染んでしまう場合もある。そうなると，家庭内でのコミュニケーションに不和が生まれたりもする。日常の保育内容を工夫し，言語，文化，宗教の橋渡しをする工夫が求められる。そのために，外国人を支援している地域のボランティア団体や支援団体と連携・協働し，保育士が対象国の言語，文化，宗教を学ぶ姿勢も求められる。ビザや国籍の取得，オーバーステイのような問題が絡むと，弁護士等の司法分野の専門職との連携・協働が必要になってくる。

5．連携・協働の課題

　第1に，組織間の理念に大きな隔たりをもつ場合，連携・協働がうまくいかなくなる可能性がある。援助の理念や目標のすり合わせ段階よりも，どのようなサービスを使用して援助をするかという段階になればなるほど，大きな隔たりが生まれる場合がある。特に，利益相反関係にある組織間では，連携・協働が上手くいかなくなる可能性が高い。

　第2に，日常的に関係が築きにくいという課題が挙げられる。スムーズかつ，友好的な連携・協働をするためには，日常的に交流をしておく方が効果的である。しかし，業務に追われ，日常的に交流する時間が作れないという課題が出てくる。

　第3に，保育者の力量の課題がある。連携，協働する上で保育者に求められる力量は，まず，他人の専門性を理解し自己の専門性を多職種に説明できる力である。2つ目は，他機関や多職種につなげられるコーディネート力と支援計画や支援状況を管理・調整するためのマネジメント力である。この2つの力を，保育士の養成段階や研修等で高めていかなくてはならない。

```
演習問題
1．連携・協働の必要性についてポイントをまとめてみよう。
2．連携・協働ができそうな機関や専門職をまとめてみよう。
3．連携・協働の具体的な方法について説明してみよう。
```

引用・参考文献

金子恵美（2012）『増補　保育所における家庭支援——新保育所保育指針の理論と実践』全国社会福祉協議会。

栗原啓祥（2015）「子育て支援員」森上史郎・柏女霊峰編『保育用語辞典　第8版』ミネルヴァ書房。

汐見稔幸・無藤隆監修（2018）『〈平成30年施行〉保育所保育指針　幼稚園教育要領　幼保連携型認定こども園教育・保育要領　解説とポイント』ミネルヴァ書房。

芝野松次郎・新川泰弘・山縣文治編（2021）『社会福祉入門』ミネルヴァ書房。

新村出編（2018）『広辞苑　第七版』岩波書店。

ミネルヴァ書房編集部編（2020）『社会福祉小六法2020』ミネルヴァ書房。

森上史郎・柏女霊峰編（2015）『保育用語辞典　第8版』ミネルヴァ書房。

山縣文治・柏女霊峰編（2013）『社会福祉用語辞典　第9版』ミネルヴァ書房。

（橋本好広）

コラム4　エコマップ

1975年にアン・ハートマン（Ann Hartman）によって考案されたエコマップ（生態地図）は，下図のように，個人や家族と社会資源（支援を提供する機関等），その他つながりのある人や集団の関係を図や線で表すものであり，支援におけるアセスメント・ツールである。

一般にクライエントの状況や関係は複雑であるが，エコマップを作成することでこれらは可視化され，クライエントと社会のつながりから問題が生じる構造の理解，さらには必要な支援の検討を俯瞰的に進めることができる。エコマップは，ジェノグラム（家族図）としばしば併用される。図の円内が家族図にあたるが，婚姻関係や家族間の関係性を書き込むことで，問題状況をより深くとらえることができる。

エコマップの特徴は関係の有無だけではなく，点線，線の太さ，矢印などで関係の質や相互性，すなわち個人や家族をとりまく世界＝環境との生態的なつながりを表現できることにある。これにより関係を単純化することなく，より実態に沿った状況の認識と支援の構築ができる。こうしたエコマップの発想には，問題の原因を特定の要因に帰するのではなく，人と取り巻く環境との関係から理解しようとする生態学的視点がある。状況の全体性やそこで交わされる有機的な交互作用をとらえることで，困難状況への認識が深まるだけでなく，働き掛ける対象を広げ，関係性を踏まえた改善の方向性を探ることが可能となる。

エコマップは基本的にアセスメント・ツールだが，関係者がそれぞれに有し断片化されがちな情報を統合でき，支援者連携の基盤形成にも資する。加えて，使われていない社会資源を書き込む，支援者間の関係を線で結ぶなど支援計画の策定や，状況の変化に応じてエコマップを更新することで，支援成果のモニタリングにも用いることができる。また，クライエントとの面接などで状況を聞き取っていく際に，クライエントとともにエコマップを作成すると，多様な情報を得られるだけでなく見過ごされがちなクライエントの主観的な認識を確認できる。ただし，実際の社会的な関係や家族の関係は単純に表すことができない複雑さがあり，必要に応じて言語で補足をおこなう。

（山田　容）

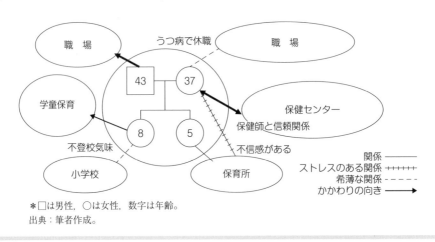

＊□は男性，○は女性，数字は年齢。
出典：筆者作成。

第9章　保育士による子育て支援の特性と展開

　保育士は，子どもの保育だけでなく，保護者に対する子育て支援にも携わっているが，そうした子育て支援においては，保育の専門性に基づいた保育相談支援とソーシャルワークを援用した子育て支援が展開されることになる。そこで，本章では，保育所や地域子育て支援拠点（子育て支援センター）でおこなわれている子育て支援，保育相談支援，ソーシャルワークについて学ぶこととする。なお，子育て支援の実際については，第3節において提示した事例のポイントを踏まえた演習課題を考えることで学びを深めていく。

1．保育士による子育て支援

（1）改正児童福祉法と改定保育所保育指針

　地域で子育てをしている保護者に対する保育士による子育て支援の必要性の高まりから，2001（平成13）年11月30日改正の児童福祉法において，第18条の4で「保育士とは，登録を受け，保育士の名称を用いて，専門的知識及び技術をもって，児童の保育及び児童の保護者に対する保育に関する指導を行うことを業とする者」と規定されることにより，子どもの保護者に対する子育て支援が，保育士の業務のなかで明確に位置づけられることになった。

　2008（平成20）年3月28日告示の保育所保育指針では，「第6章　保護者支援」において「保育所における環境を通して，養護と教育を一体的に行う」といった保育所保育の特性と保育士の専門性を生かして，入所する子どもを保育するとともに，「入所する子どもの保護者に対する支援及び地域の子育て家庭に対する支援」をおこなう役割が，これまで以上に強調されることになった。

　その後，2017（平成29）年3月31日告示の保育所保育指針においては，名称が「保護者支援」から「子育て支援」に変更されることになる。その「第4章　子育て支援」は，「1　保育所における子育て支援に関する基本的事項」「2　保育所を利用している保護者に対する子育て支援」「3　地域の保護者等に対する子育て支援」より構成されているが，「1」では，保育所の特性を生かした子育て支援をおこなう必要性が改めて強調されている。また，「2」では，保護者との相互理解のもと，保護者の状況に配慮した個別の支援がおこなわれるとともに，不適切な養育等が疑われる家庭に対しては適切

な支援がなされることが,「3」では,地域に開かれた子育て支援がおこなわれ,地域の関係機関等との連携が求められることが述べられている。なお,このあたりのことについては,2018（平成30）年2月の保育所保育指針解説で詳しく解説されている。

（2）保育所でおこなわれている子育て支援
① 環境を利用した子育て支援
　保育所では,園庭や保育室など保育所固有の環境を利用した子育て支援がおこなわれている。たとえば,保育所のエントランスホールに,保護者から贈られた四季折々の花をあしらったりして,保護者とのつながりが感じられる工夫がなされたりしている。また,廊下や保育室の壁面に子どもたちの作品を展示することで,子どもたちの保育所での生活を保護者が感じとれるようなことがおこなわれている。

② 送迎時における子育て支援
　保育室前には,保護者が子どもを迎えにくる際,その日のイベントや活動がわかるように写真付きのコメントを記載した連絡ボードを配置したり,その日製作した子どもたちの作品を展示したり,保育所の畑で収穫した野菜を置いたコーナーを設置したりしている。
　保護者が子どもと登園する際には,保護者との対面による子育て支援がおこなわれる。この場合は,保育士にとっては,子どもの体調や保護者の様子をしっかり観察しながら,保護者の話にじっくりと耳を傾けることが重要になる。子どもの様子を把握したり,保護者が語る子育ての悩みを理解したりする際,相談援助の知識と技術を活用しながら,保護者と信頼関係を築いて

▶その日の活動がわかるように写真付きのコメントを記載した連絡ボード
写真提供：深井こども園。

いくことが何よりも大切である。そのため，保護者の心情や態度を受容し，子どもや子育てへのポジティブな意欲や態度が継続されるように支持したりすることが支援の要になる。

③ 個人面談や懇談会における子育て支援

　保育士と保護者が，保育所と家庭での子どもの様子について話し合う個人面談や懇談会がおこなわれる。この場合，子どもへのかかわり方や接し方など子育てに関する相談援助に際しては，保護者の話を傾聴し，保護者の気持ちを受け止めながら，保護者の子どもへのかかわりのなかのよさや工夫を積極的に支持し，承認するといった相談援助の知識と技術が活用される。保育士は，じっくりと話を聴くことにより，保護者の子育てに関する悩みや不安に対して，方向性や解決策を示す助言をおこなうとともに，子どもの成長・発達を見逃さずに，子どもの育ちを保護者とともに喜び，分かち合う。そうした過程を経て，子ども，保護者，保育士は，いずれもともに育ち合う主体として，子育てパートナーシップを形成していくことができるのである。

④ 連絡ノートなどを活用した子育て支援

　日々の子どもの様子を伝え合う連絡ノート，行事・イベント・保育参観・体験保育などを詳細に連絡する園だよりやクラスだよりも，子育て支援に重要な役割を果たしている。まず，連絡ノートは，子どもの情報を共有するということ以外に，保護者の考えや思いを理解する貴重な手段になるとともに，保護者が知りたい保育所での子どもの様子を伝えるという機能をもっている。このことにより，わが子が集団のなかでどのように生活し，他の子どもたちとどのようにかかわっているか，客観的にとらえることができる。連絡ノートは，保護者の子育て力を高めるきっかけともなる。

⑤ 保育体験活動などによる子育て支援

　保育体験活動，園庭開放，行事，発表会，保育参観などでは，保育士は，保護者が求めている子どもと子育てに関する問題に対して，相談に応じ，助言するだけでなく，保護者の前で，子どもとのかかわり方の行動の見本を示したり，子どもの行為を分析して，保護者に説明したりする。そのことは，何よりも保護者が子育てのスキルを獲得するための体験を提供するという貴重な機会である。

　このように保育士は，保育所の特性を十分に生かした子育て支援の役割を担っているのである。

▶保育体験活動による子育て支援

写真提供：ひよこ保育園　子育て支援センターわたぼうし。

（3）保育相談支援

　前述のように，改正児童福祉法により，保育士の職務のなかに保育の専門性を活用しながら子育て支援をおこなうことが位置づけられたが，その専門性が社会的に認知されているとは言い難い状況が続いていた。その一つの理由として，ソーシャルワークなどの専門的な知識と技術との関係が整理されず，保育士による子育て支援の理論的な体系化もなされずに，保育士養成課程で子育て支援の知識と技術を学ぶという状況が2011（平成23）年まで続いたことが挙げられる。

　このことについて，柏女は以下のように指摘している（柏女・橋本，2016）。

　　保育士は，従来から，種々の保育・養護の専門性を活用しながら保護者支援を進めてきていました。ただ，それが十分に自覚されておらず，したがって，体系化もされていないために社会から十分認知されず，養成課程でも教えられることなく経験知として受け継がれてきた経緯があります。保育の専門性を活用した保護者支援の技術の体系化やソーシャルワーク，カウンセリングなどの専門的技術との関係整理もなされないままでした。

　そこで，柏女は，保育士による保育の専門性に基づいた子育て支援を保育相談支援と命名し，それを以下のように定義している（柏女・橋本，2016）。

　　保育相談支援とは，子どもの保育の専門性を有する保育士が，保育に関する専門的知識・技術を背景としながら，保護者が支援を求めている子育ての問題や課題に対して，保護者の気持ちを受け止めつつ，安定した親子関係や養育力の向上をめざして行う子どもの養育（保育）に関する相談，助言，行動見本の提示その他の援助業務並びにそこで使用される援助技術の総体。

表9-1　「保育相談支援」で活用される「保育技術」

〔1〕目的的技術	〔2〕手段的技術
①「発達援助の技術」 ②「生活援助の技術」	③「関係構築の技術」 ④「環境構成の技術」 ⑤「遊びを展開する技術」

出典：柏女・橋本（2008）を参照し作成。

　さらに，柏女は，保育相談支援とソーシャルワークなどのさまざまな援助方法・技術との関係について，以下のように説明している（柏女・橋本, 2008）。

　　援助方法としては，助言指導（ガイダンス）ともっとも重なり合い，ソーシャルワークやカウンセリング並びに親教育や訓練（トレーニング）とも一部重なり合う技術体系ということができるでしょう。すなわち，ガイダンスの定義である「より意識的，外在化された問題に対して，行動や意識等の改善を目的として広い範囲の対象者に，集団または個人単位に，助言，支持，承認，解説（説明），情報提供，行動見本の提示等を与えること」に属する技術体系といってよいでしょう。

　この保育相談支援と保育士による保育の専門性との関係について，橋本は，1999（平成11）年改訂版保育所保育指針第2章の3「子どもの生活と発達の援助」の内容から保育技術を整理し，「① 発達援助の技術」，「② 生活援助の技術」，「③ 関係構築の技術」，「④ 環境構成の技術」，「⑤ 遊びを展開する技術」が保育相談支援の基盤となる保育技術であるとしている（柏女・橋本, 2008）。そして，柏女は，橋本が分類し，整理している5つの保育技術について，①と②を目的的技術，③―⑤を手段的技術と呼んでいるのである（表9-1）。さらに，こうして体系化された「保育相談支援」には，柏女ら（2009, 2016）により「保育相談支援技術26類型」が示されている（表9-2）。

2. 子育て支援とソーシャルワークの関係

（1）保育相談支援とソーシャルワークの活用割合

　橋本は，保育士の専門性とソーシャルワークとの関係について，保育士は保育の専門的特性と限界を自覚し，そこに誇りをもつことが大切であり，その上で，保護者支援の実践においては，必要に応じて同じ社会福祉領域の援助方法であるソーシャルワークの原則や技術を援用することもあると指摘している。また，子育て支援におけるソーシャルワークの援用について，以下

表 9 - 2　保育相談支援技術26類型

	技術類型	技術の定義
受信型 — 情報収集／分析	観察	推察を交えず視覚的に現象を把握する行為
	情報収集	保護者や子どもの状態を把握するための情報を集める行為
	状態の読み取り	観察や情報収集により把握された情報に，保育士の印象，推察を交えながら保護者や子どもの状態を捉える行為
受信型 — 受容的な技術	受容	保護者の心情や態度を受け止める発言や行為
	傾聴	聴くことの重要性を認識した上で，保護者の話を聞く行為
	共感・同様の体感	保護者と同様の体感をする，もしくは保護者の心情や態度を理解し，共有しようとする行為
発信型 — 言語的援助	会話の活用	保護者との関係の構築を目的として，挨拶，日常会話などを意識的に活用している行為
	承認	保護者の心情や態度を認めること
	支持	保護者の子どもや子育てへの意欲や態度が継続されるように働きかけること
	気持ちの代弁	現象から対象者の心情を読み取って他者に伝えること
	伝達	子どもの状態，保育士の印象を伝えること
	解説	現象に保育技術の視点から分析を加えて伝える発言や行為
	情報提供	広く一般的に活用しやすい情報を伝えること
	紹介	保護者が利用できる保育所の資源，他の機関やサービスについて説明し，利用を促すこと
	方法の提案	保護者の子育てに活用可能な具体的な方法の提示
	依頼	保育士が必要性を感じ，保護者に保育や子どもへの関わりを頼むこと
	対応の提示	保育所における子どもや保護者に対する保育士の対応を伝えること
	助言	保護者の子育てに対して抽象的に方向性や解決策を示すこと
発信型 — 動作的援助	物理的環境の構成	援助のための場や機会の設定
	観察の提供	保護者が子どもの様子等を観察する機会を提供すること
	行動見本の提示	保護者が活用可能な子育ての方法を実際の行動で提示すること
	体験の提供	保護者の子育ての方法を獲得するための体験を提供すること
	直接的援助（保護者）	保護者の養育行為を直接的，具体的に援助している行為
	子どもへの直接的援助	子どもに対して直接的に援助を行うことで，保護者の子育てを支えている行為
	媒介	親子や保護者，家族の関係に着目し，働きかける行為
方針の検討	協議	保育所職員間における話合い，相談等の作業，行為

出典：柏女ほか（2009, 2016）。

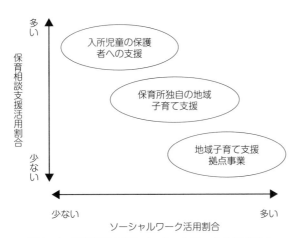

図9-1　保育相談支援とソーシャルワークの活用割合
出典：柏女・橋本（2016）。

のように述べている（柏女・橋本，2016）。

　　ソーシャルワークの援用は，社会資源のなかにある所属機関の役割を
　認識し，他の機関とともに効果的に援助を進めていくことを助けます。
　ただし保育所等では，すべての保育士がソーシャルワークを援用し，保
　護者を支援することは難しいでしょう。ソーシャルワーカーが配置され
　ている施設もありますが，所長や主任がその役割を担うことが多いよう
　です。また，入所児童の保護者への支援，保育所等が独自に行う地域子
　育て支援，地域子育て支援拠点事業ではソーシャルワークを援用する割
　合が少しずつ異なり，地域子育て支援拠点事業では，ソーシャルワーク
　の援用が求められることが多いと言えます。

　ソーシャルワークの活用割合という点からすれば，保育所に入所している
子どもの保護者に対しておこなわれる子育て支援や保育所独自の事業として
実施される子育て支援よりも，地域子育て支援拠点事業に基づいた地域の子
育て家庭に対しておこなわれる子育て支援の方が高いといえるのである（図
9-1）。

（2）保育所保育指針における子育て支援とソーシャルワーク

　保育所保育指針解説の「第4章　子育て支援」では，次のようにソーシャ
ルワークが記されている。

　保育所における子育て家庭への支援は，このような地域において子どもや子育て
　家庭に関するソーシャルワークの中核を担う機関と，必要に応じて連携をとりな

がら行われるものである。そのため，ソーシャルワークの基本的な姿勢や知識，技術等についても理解を深めた上で，支援を展開していくことが望ましい。

　　　　　　：

　保育士等は，一人一人の子どもの発達及び内面について理解と保護者の状況に応じた支援を行うことができるよう，援助に関する知識や技術等が求められる。内容によっては，それらの知識や技術に加えて，ソーシャルワークやカウンセリング等の知識や技術を援用することが有効なケースもある。

　ここでは，「ソーシャルワーク」にかかわって，子育て家庭への支援に際しては，「ソーシャルワークの基本的な姿勢や知識，技術等」についても理解を深めることが必要とされ，また，不適切な養育などが疑われる家庭への支援においては，「ソーシャルワーク等の知識や技術を援用することが有効なケースもある」ことが指摘されているのである。

　このように，保育士が，保育の専門性を生かしながら，ソーシャルワークの姿勢，知識，技術に関する理解を深め，支援を展開していくことが望ましく，ソーシャルワークの知識，技術を援用することが有効なケースもあるのである。したがって，保育士は，保育所を利用している保護者に対しておこなわれる子育て支援と，地域の保護者などに対しておこなう地域子育て支援において，援用されるソーシャルワークについて学ぶ必要があるといえる。

（3）子育て支援ソーシャルワーク

　子育て家庭のなかには，子育て支援サービスを利用したくても利用方法がわからなかったり，利用を我慢していたりする場合がある。さらに，子育てに体罰は不可欠と考えてしつけをしているような子育て家庭もある。

　こうした親権者等による子どもへの体罰は本来許されるものではないが，2020（令和2）年4月1日施行の改正児童福祉法では，これを厳しく禁止するに至っている。それにもかかわらず，こうした体罰は後を絶たず，子どもを死に至らしめるような事件も依然として起こっている。その場合，親権者等が問題に気づいていないことがあったりするが，その者が，保健センター，家庭児童相談室，地域子育て支援拠点を訪問するのを待っていては支援することができない。

　こうした状況においては，子どもと子育て家庭の個別ニーズを把握して，専門機関・専門職へつないでいくことも必要となってくるのであるが，そのためには，子どもの育ちにかかわるニーズ，子どもを育てている親の育ちに関するニーズ，子どもへのかかわり方や親子関係にかかわるニーズ，子ども・子育て家庭を取り巻く地域社会における社会制度・サービス利用に関するニーズなど，子ども・子育て家庭の個別ニーズを把握することが大切であ

る。

　しかしながら，さまざまな要因が複雑に絡み合って生活上の問題が生じている子ども・子育て家庭の個別ニーズの把握は，たとえ高度な専門性を身につけた専門職でも容易ではない，むしろ極めて困難であることの方が多い。というのも，支援の必要性があるにもかかわらず，それを実感していないケースが存在するからである。したがって，そうした潜在ニーズを発見し，専門家の判断と社会通念上許容される限度を超えていないかどうかという社会的判断に従って，それに対処するソーシャルワークが求められることになる。

　そのソーシャルワークにおいて，援助者が，子育て家庭との間に援助関係を形成し，子育て家庭が問題を解決することへの動機づけを高めるように，家庭を訪問して支援する「リーチアウト（reaching-out）」がおこなわれることがある。その場合，子育てに関する問題を抱えていても自ら支援を求めることができない子育て家庭を見つけ出す（ケース発見）とともに，必要としている子育て情報や子育て支援サービスを提供する「アウトリーチ（out-reach）」がなされる。これにより，子ども・子育てに関するさまざまなニーズや問題に対応した資源やサービスへと確実につないでいくことが可能になるのである。

　なお，保育士がおこなう子育て支援においては，まず，保育士の専門性や特性を生かすこと，次に，子どもの保護者が子どもの成長に気づき，子育ての喜びを感じられるように支援することが必要である。さらに，各地域や家庭の実態を踏まえ，保護者の気持ちを受け止め，相互の信頼関係を基本に，保護者の自己決定を尊重し，各自の役割分担を明確にし，保育所全体で，協働して支援する体制，すなわちチームワークを大切にした子育て支援をおこなうことが求められる。

演習問題

1. 保育所で子育て支援がおこなわれる場合，主にどのような子育て支援がおこなわれているか，整理してみよう。
2. 「保育相談支援」とはどのようなことをいうのか，定義と特色をまとめてみよう。

3．演習事例「地域子育て支援拠点における電話相談」

　地域子育て支援拠点（子育て支援センター）においては，地域の子育て家庭に対してさまざまな子育て支援がなされている。本節では，「地域子育て

支援拠点における電話相談」の事例を取り上げて，子育て支援の実際について考えていく。

　　地域子育て支援拠点に，近くに住むある父親から電話相談があった。その相談というのは，母親が生後間もないわが子へのかかわり方について悩み，解決方法を夫婦で話し合ったが見つからず，どうしたらよいのか困っている，という内容であった。相談に当たった担当者は，相談支援の技術の原則に基づいて，相手の心情や態度を尊重しつつ，相手の語る言葉に耳を傾けた。

　　その父親が語ることによれば，母親は，食事の支度や洗濯など家事全般が苦手なので，以前は，遠方にいる祖母が，家事を手伝うために時々家庭を訪問してくれることがあったが，祖母との関係は良好とは言い難く，しばしば言い争うことがあり，そして，ある日，祖母と激しく口論したことを境にして，祖母が来なくなったということであった。

　　担当者がさらに具体的に聴いたところ，偏頭痛の持病がある母親は，子どもが授乳後すぐにミルクを戻してしまうので，どうしたらよいかわからず，そのために，非常に不安定な精神状態になり，些細なことでイライラして怒鳴ることもあれば，無気力になって床に横たわっていることもあり，場合によっては，朝起床することが困難になり，家事全般ができなくなってしまうとのことであった。

　　そこで，担当者は，具体的な問題点であるミルクを戻してしまうことに関して，新生児は母乳やミルクと一緒に大量の空気を飲み込んでしまうことを解説した後，授乳の時に飲み込んでしまった空気を排気するために，赤ちゃんの顔を肩に乗せて様子を見ながら，背中を優しくさすり，弱いタッチでトントンして排気を促してみたらどうかと助言した。そして，電話相談の最後に，住所と氏名を確認するとともに，地域子育て支援拠点で実施している赤ちゃん講座や子育て相談会などに関する情報を提供し，今後も気軽に相談してほしいと伝えた。

ポイント

1－1.〈課題発見・特定と援助の開始〉
　援助の開始にあたっては，まず，援助を必要とする人の課題を発見し，ニーズを把握して，課題を特定することが必要である。
1－2.〈情報収集と分析（アセスメント）と援助の実行〉
　援助を必要とする人の課題・求めるサービスやニーズを把握した後に，支援計画を立案し，計画を実行することになるが，電話相談においては，速や

かに支援を実行することになる。そして，支援終了後に，支援が適切で，効果的であったかという実施状況を点検する必要がある。

演習課題

1－1．電話相談してきた親の抱えているニーズ・課題が何か考えてみよう。
1－2．電話相談してきた親に対して，どのような対応や支援をしたらよいか考えてみよう。

演習方法

① 自分の考えを記入してみよう。
② グループで意見交換して，グループの意見を記入してみよう。記入後に発表。
③ ほかのグループの発表を聞いて気づいたことを記入してみよう。

解　説

1－1．電話相談してきた親の抱えているニーズ・課題

　電話相談してきた親の抱えているニーズ・課題は，表9-3に示した①〜④に整理することができる。

　子育てしている親が，子どもとの接し方やかかわり方など子育ての方法について悩むことは，よくあることである。そのため，そうした悩みを抱える親を支援する祖父母など家族，親戚，友人，同僚，近隣住民といった個人的な関係を前提とする「インフォーマル・セクター」（公的に制度化されていない集団・組織）の存在は大きい。しかし，そうしたインフォーマル・セク

表9-3　電話相談してきた親の抱えているニーズ・課題

① 母親が生後間もないわが子へのかかわり方について悩み，解決方法を夫婦で話し合ったが見つからず，どうしたらよいのか困っている。
② 母親は，食事の支度や洗濯など家事全般が苦手である。なお，母親には，偏頭痛の持病があるとともに，精神状態は非常に不安定であり，些細なことでイライラして怒鳴ることもあれば，無気力になって床に横たわっていることもあり，場合によれば，朝起床することが困難になり，家事全般ができなくなってしまうとのことであった。
③ 以前は，遠方にいる祖母が，家事を手伝うために時々家庭を訪問してくれることがあったが，祖母と激しく口論したことを境にして，祖母が来なくなり，祖母から支援を得られない。
④ 母親と父親のいずれも，子どもが授乳後すぐにミルクを戻してしまうので，どうしたらよいかわからないため，具体的な対応方法を知りたい。

ターが形成されていない場合は，子育て支援専門職，保育所，認定こども園，地域子育て支援拠点，保健センターなどといった「フォーマル・セクター」（公的福祉サービスを提供する行政や社会福祉法人など）による相談支援が必要になる。この事例では，③が示すように，「祖母から支援を得られない」状況にあり，またそれ以外の親戚や友人等の支援もないと思われるので，「インフォーマル・セクター」が形成されているとはいいがたく，したがって，「フォーマル・セクター」である地域子育て支援拠点による支援が必要になってくるのである。

　「親の抱えているニーズ・課題」についていえば，問題は，①にあるように，「生後間もないわが子へのかかわり方」であるが，これだけではまだ漠然としている。前に述べたように，「課題を特定することが必要である」。このことを保育相談支援においては，「状態の読み取り」と呼ぶ。

　この事例では，④が示しているように，「子どもが授乳後すぐにミルクを戻してしまうので，どうしたらよいかわからないため，具体的な対応方法を知りたい」というところに具体的な「ニーズ・課題」がある。ニーズ・課題を的確に把握すれば，支援の方向もおのずから明らかになってくるといえる。その際，②が伝えているように，ニーズ・課題の把握のために，さまざまな「情報」をキャッチすることも重要である。

1－2．電話相談してきた親に対する対応や支援

　電話相談してきた親に対する対応や支援は，表9-4に示した①～⑤に整理することができる。

　電話相談してきた親に対して，まず，①にあるように相談支援の技術の原則に基づいて，親の心情や態度を尊重する「承認」をおこなうとともに，話を聴く際には，あいづちを打ったり，うなずいたり，親の語る言葉をそのま

表9-4　電話相談してきた親に対する対応や支援

① 相談支援の技術の原則に基づいて，相手の心情や態度を尊重しつつ，相手の語る言葉に耳を傾けた。
② 新生児は母乳やミルクと一緒に大量の空気を飲み込んでしまうので，授乳の時に飲み込んでしまった空気を排気する際に，ミルクも戻してしまうことを解説する。
③ 授乳の時に飲み込んでしまった空気を排気するために，赤ちゃんの顔を肩に乗せて様子を見ながら，背中を優しくさすり，弱いタッチで，トントンして排気を促してみたらどうかと助言する。
④ 住所と氏名を把握する。
⑤ 地域子育て支援拠点で実施している赤ちゃん講座や子育て相談会などに関する情報を提供し，今後も気軽に相談してほしいと伝える。

ま繰り返したりしながら「傾聴」し，保護者の思いを受け止めて「受容」している。こうした援助者の態度・姿勢によって，保護者がこの人になら悩みを打ち明けても大丈夫だという感情を抱くようになり，なかなか話すことのできない話しづらいことも安心して話してくれるようになると思われる。そして，その後おこなわれる保護者のニーズに対応した具体的かつ専門的な相談支援によって，両者の間に信頼関係が徐々に構築されていくことになるものと考えられる。

　その具体的かつ専門的な相談支援としては，②にあるような子どもの行為を「解説」することにより，親は子どもの授乳時の排気の意味を理解することができるようになる。そして，③のような「助言」を受けることによって，親は子どもの行為の意味を考えながら子育てをしていくことに気づくようになる。これは子育ての力そのものを育むことにつながる支援である。

　「解説」に際しては，一般的には，口頭や文章で具体的に説明するとともに，保護者の前で実際にやってみせることは，聴覚的な情報だけでなく，視覚的な情報も含まれるため，親にとって大変理解しやすくなる。実際に，保護者の目の前で，子どもに接したりかかわったりして，やってみせることを「行動見本の提示」といい，保育相談支援の重要な技術である。

　この事例では，④⑤が示しているように，住所と氏名を把握し，赤ちゃん講座や子育て相談会などに関する情報を提供して，適切な支援がなされたと判断されるのであるが，そこに至ることができたのは，そもそもそれというのも，父親が地域子育て支援拠点に電話相談をしてきたからである。しかしながら，支援を必要としているように見えるが，当の本人は，支援が必要であることに気づいていなかったり，支援を求めていなかったりするケースもある。支援を求める気力を失っている場合もある。そうした親への支援は困難である。

　こうした「潜在的なニーズ」のある子育て家庭への支援を考えた時，援助を必要とする子育て家庭の情報を的確に収集することは極めて大切といえる。また，援助を必要とする子育て家庭が子育て支援サービスに自らアクセスして，情報を得ることができない場合もあるため，子育て家庭に対して，子育て支援に関する「情報提供」や制度・サービスの「紹介」をおこないながら，ニーズとサービスを確実につないでいく支援，いわゆる「ソーシャルワーク」が大変重要となる。

　その際，援助者には，子育てに関する問題を抱えていても自ら支援を求めることができない子育て家庭を見つけ出すために，子育て家庭が問題を解決することへの動機づけを高められるように，家庭を訪問して支援する「リーチアウト」をおこなったり，必要としている子育て情報や子育て支援サービ

スを提供する「アウトリーチ」をおこなったりすることが期待される。

引用・参考文献

柏女霊峰・橋本真紀（2008）『保育者の保護者支援——保育指導の原理と技術』フレーベル館。

柏女霊峰・橋本真紀編（2016）『保育相談支援　第2版』ミネルヴァ書房。

柏女霊峰・橋本真紀・西村真実・高山静子・小清水奈央・山川美恵子（2009）「保育指導技術の体系化に関する研究報告書」財団法人こども未来財団。

厚生労働省（2018）『保育所保育指針解説』，フレーベル館。

新川泰弘（2016）『地域子育て支援拠点におけるファミリーソーシャルワークの学びと省察』相川書房。

新川泰弘（2018）「地域子育て支援拠点利用者の子育て環境と利用者ニーズとの関連性——ソーシャルワークの視点から」『子ども家庭福祉学』18，1-13。

才村純・芝野松次郎・新川泰弘・宮野安治編（2019）『子ども家庭福祉専門職のための子育て支援入門』ミネルヴァ書房。

山縣文治（2011）「子ども家庭福祉とソーシャルワーク」『ソーシャルワーク学会誌』21，1-13。

山縣文治（2016）『子ども家庭福祉論』ミネルヴァ書房。

（新川泰弘）

第10章　保育環境を活用した子育て支援

　本章では，保育所などでおこなわれている保育環境を活用した子育て支援について学ぶ。まず，施設外の環境を活用した支援，次に，施設内の環境を活用した支援について学びを深めていく。その上で，不適切な養育，病児，障害，外国籍等に関する相談支援の環境についてロールプレイを通した演習課題により学びを深める。そして，保護者の子育て力を高める支援環境についても理解を深める。

1．施設内外の環境を活用した支援

　保育所保育指針の「第1章　総則」にも示されているように，乳幼児期の保育は，環境を通しておこなうものである。子どもを取り巻く環境には，人的環境，物的環境，自然環境，社会環境があり，それらが相互に関連し合い，子ども，ひいては子育てにおける保護者の生活が豊かなものとなるよう計画的に構成されることが重要である。

　保育者は，子どもの自発的な活動を豊かに展開することができるよう環境を整えるだけでなく，保護者が子どもとのかかわり方，暮らしを変えるヒントを保育環境から気づけるように工夫する必要がある。

　一方，保護者は，未経験である子育てに対して手探り状態で必要な経験を積み重ねている。このような保護者に対して，直接的援助だけではなく環境を活用した間接的な支援を提供していき，時間の制約があるなか子育てに奮闘する保護者に対してメッセージ性のある環境構成を整えることが大切である。

▶豊かな自然環境のなかで展開される子どもの保育
写真提供：ひよこ保育園。

▶保護者の気持ちを癒す園庭の環境
写真提供：深井こども園。

　特に，保護者が毎日の送迎で目にする保育室や廊下，エントランス，園庭の環境は，保護者の気持ちを癒すこともあれば苛立たせることもある。保育者は，人の動線や安全を考えた物の選択・配置を含め，視覚，聴覚，触感，嗅覚など人の感覚機能にも考慮した環境整備に努める必要がある。その上で，子どもと保護者，保育者の相互作用を生かして，さらに再構成していくことが大切である。また，保育者の言動がその場の雰囲気を作っていることを忘れず，人的環境の大切さを意識していくことも重要である。

（1）施設外の環境を活用した支援

　保育者の朝は，園の門を開け，園庭を掃除したり，遊具の安全性を確認したりして，保護者や子どもを迎える体制を整えることから始まる。さらに，登園する子どもと保護者の様子を観察し，園での1日の始まりを気持ちよく過ごせるように笑顔で迎え，挨拶と言葉がけをする。

　また，自然物を環境構成に取り入れて四季を感じられるような空間を作っておくことも大切である。花壇の花を環境に取り入れる場合，水やりや草むしりなど，花の世話を子どもたちがおこなうようにすると，子どもから保護者に花壇について話す機会も増えるかもしれない。そこから，話題が展開していくこともあるだろう。

　たとえば，保育者や友達と一緒にダンゴムシやミミズなどの生き物探しをしたこと，園庭での鬼ごっこで最後まで残れたこと，桜の花びら拾いをしながら数を20まで数えることができたことなどである。このように，子どもが園で経験したことを話すことができる，あるいはその姿を保護者が知ることのできる環境を意図的に構成することは，保護者の子ども理解を促すうえでとても重要な支援であることを忘れてはならない。この保護者の気づきが，

▶花の水やりをする子どもたち

写真提供：深井こども園。

家庭での遊びにもつながり，休日の子どもとの過ごし方を考えるきっかけとなる。

（2）施設内の環境を活用した支援

　保育をよりよくするためには，園と保護者の共通理解を深めていくことが重要である。保育者は，保育のねらいをもつだけでなく，その意図が保護者に伝わるように心がけ，ともに子どもを育んでいるという視点で環境を構成する必要がある。たとえば，エントランスや廊下に子どもたちの作品を展示したり，保育中の写真，保護者に伝えたい保健や地域の催しを掲示したりすることで，環境を活用した支援をおこなっている。

　これらの工夫は，忙しい保護者が日々の保育をそれぞれのタイミングで知る機会となったり，地域とつながるきっかけになったりする。それは，保護者の気づきだけにとどまらず，保護者と保育者，保護者同士の会話の糸口になることもあり，保育者同士の保育方法の共有や新たな発見に寄与することもある。

　このように，環境構成の工夫を通して園内でのコミュニケーションが増えることにより，連帯感が園全体に生まれるのである。

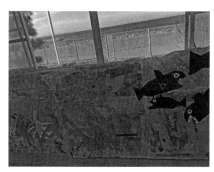

▶廊下に展示されている子どもたちの作品

写真提供：下荘保育所。

> **演習問題**
>
> 施設内外の環境を活用した子育て支援の具体的な例を考えて書いてみよう。

（中川陽子）

2．演習事例「不適切な養育，病児，障がい，外国籍等に関する相談支援の環境」

　事例を読んで，役割を決めてロールプレイングをしよう。役割を終えたら交替して相手の役割を演じてみよう。体験が終わるたびに話し合い，各役割をやってみた感想を記録し，どのような態度や言葉が適切であるか考えていく。

　　利用者役は，子どもの育児に悩む若い母親。子どもは3歳で，母親の目から見れば，落ち着きがなく聞き分けが悪く，昨晩もテレビで好きなアニメの番組を見ながら食事をするので，食べこぼしがひどかったため，痣（あざ）がつくほど腕をつねってしまった。今日，保育所でその痣を見つけられ，今，そのことについて尋ねられている。母親は，現在，スーパーマーケットでパートとして働いており，昼，夕方は仕事が忙しく，夫の帰宅は遅いため，家事と育児と仕事を抱えているので，いつもイライラしている。

ポイント

> 1－1．〈課題発見・特定と援助の開始〉
> 　母親の課題を発見し，ニーズを把握して，課題を特定することが必要
> 1－2．〈保育者として身につけておかなければならない相談援助の基本〉
> 　母親の思いを受け取るために，保育者として心がけておかなければならない態度や言葉について考えてみよう。
> 1－3．〈ロールプレイングの基本〉
> 　面接者（保育者）役は利用者の話をよく傾聴すること。利用者役は事例をよく理解し，話し手役になりきって演じること。面接者役はどのような質問が効果的な質問なのかを考えて演ずること。相手に迷惑がかかるので真面目に取り組むこと。

演習課題

> 2－1．母親のニーズ・課題が何か考えてみよう。
>
> 2－2．バイスティックの7原則を考えてみよう。
>
> 2－3．役になりきって演じてみよう。

演習方法

> ① 自分の考えを記入してみよう。
>
> ② それぞれの役割を演じてみよう。
>
> ③ 演じてみて気づいたことを記入してみよう。

解　説

> 3－1．母親のニーズ・課題
>
> ① 母親は家事と育児と仕事を抱えているが，父親の協力が得られないため，一人での子育てになっている。子どもが思うように行動しないためどうしたらよいのか悩んでいる。
>
> ② 父親の協力を得たい。

　父親の協力が得られず，家事と育児と仕事を抱えている母親にとって，時間的な余裕もないため，子どもが素直に自分の言うことを聞いてくれたら助かると思っていることは，よくあることである。しかし，しつけのつもりで痣がつくほど子どもをつねってしまうことは，虐待行為に当たるため，適切なアドバイスが必要となる。

　また，保育所や保育士の子育て相談に応じる際の環境に目を向けると，まず，保育所を利用している保護者に対しては，送迎時の様子や日中の子どもたちの様子から気になることがあれば，保護者に直接声をかけて相談に応じる機会を設けている。

　しかし，送迎時のわずかな時間で，また立ち話で済ませられる場合もあるが，他の保護者の目線に対する配慮やプライバシーの保護の観点から考えると，安心することができ，ゆったりとした気分になれる，さらに心のなかで思っていることをすべて打ち明けられる場所の確保が必要となる。地域の保護者等からの相談に応じる場合も同様で，今までに入ったこともない見ず知らずの保育所を尋ねて，ここで相談しても秘密は守られるのだろうか，自分の悩みに真剣に向き合ってもらえるのだろうか，自分の課題が本当に解決できるのだろうか，駄目な親だと思われないかなど，不安と期待が入り混じっ

た複雑な気持での相談となることから，室内環境としては落ち着いた雰囲気で，相談に応じる保育士以外には話す内容が聞こえないように工夫がなされた専用の個室の相談室の確保が求められる。

　さらに，相談に応じる時間帯についても配慮が必要である。保育所を利用している保護者は働いている場合がほとんどで，時間的余裕がないため送迎時の短い時間だけではなく，保護者の都合を最優先した日程調整をしていくことが望まれる。わが国のひとり親家庭は，「平成28年度全国ひとり親世帯調査」によると母子世帯が123.2万世帯，父子世帯が18.7万世帯であり，保育所を利用している保護者のなかにはひとり親家庭も多く，日曜，祭日しか対応できない場合や，夜遅くの時間帯でなければ都合がつかない場合もあるので，保護者の都合に合わせた柔軟な対応が求められる。

　また，子どもが急に熱を出したり，体調を崩したりして，保育所から子どもをすぐに迎えにくるようにと連絡が入ったとしても，仕事の都合で休みをとることができず，迎えにいけない場合も多々あるので，病児保育を積極的に実施していくことも必要である。

　さらに障がいや発達上の課題がみられる子どもについても，保育所で積極的に受け入れることが求められている。保護者の働く機会の確保，目が離せなかった子育てからの解放に伴うリフレッシュ，保育士の子どもへの声かけ

▶個別相談の様子（左）　入園時に行う検温と消毒（右）
写真提供：深井こども園。

▶段差のない保育所のバリアフリー環境
写真提供：深井こども園。

やかかわり方などを間近に見ることで子育てをしていく上での学びにつながるとともに，いつでも困ったことがあれば気軽に保育士に相談できる環境を提供できることになる。また，バリアフリーの環境づくりへの配慮も必要である。

「法務省在留外国人統計」(2020年6月1日現在)によると，わが国の在留外国人の総数は288万5904人で，愛媛県を除く四国3県(徳島，香川，高知)の人口240万4千人より多く，茨城県の人口288万7千人と同程度で，国籍の上位5か国は中国，韓国，ベトナム，フィリピン，ブラジルの順となっている。外国籍家庭や外国にルーツをもつ家庭の子どもも保育所には数多く通っている。生活習慣や文化の違い，言葉の違いなどにより保護者も保育士もお互いにとまどうことが多い。大切なことを言葉や文書で伝えようとしても日本語が堪能でないため，理解できずそのままにされてしまうことも多い。給食についても宗教によって牛や豚などの肉類を食することができないこともあり，その子どもへの配慮が欠かせない。

このように外国籍の子どもや家庭に対しては特別な支援が必要となってくるので，その国の母国語が話せる職員の育成や，ボランティアを市町村や関係機関と連携しながら確保することが望まれる。何か困ったことが生じても，これまでは悩みを他者に伝えることもできなかったのが，保育所に行けば悩みを聴いてもらえる，アドバイスをしてもらえるという安心感が生まれ，子育てをはじめとする生活全般に前向きに対処することができるようになる。また，機会を見つけて外国籍の保護者の方から，保育所で他の保護者や子どもに向けて母国の料理教室の開催や文化風習等についての講演をしていただくことで，異文化体験ができるとともに，お互いに理解を深める機会となる。

さらに，保護者に不適切な養育等や虐待が疑われる場合には，日頃から保護者との接触を十分におこない，保護者と子どもの関係に気を配り，市町村

▶園庭でゆったりと相談できる環境
写真提供：深井こども園。

をはじめとした関係機関との連携の下に，子どもの最善の利益を重視して支援をおこなうことが大切である。保護者との面談の際には傾聴に心がけ，受容と共感の姿勢で臨み，保護者に寄り添った面談となるように心がけること。保護者自身が自分の思いを聴いてもらえたと感じることができることによって，養育姿勢を改めることにつながっていくことになる。

3－2．バイスティックの7原則

① 個別化の原則，② 意図的な感情の表出の原則，③ 統制された情緒的関与の原則，④ 受容の原則，⑤ 非審判的態度の原則，⑥ 自己決定の原則，⑦ 秘密保持の原則

それぞれの原則の内容を再確認し，面接者としてのスキルを身につけておくことが必要である。

3－3．ロールプレイの基本

役になりきって演じること。効果的な質問はどのような質問であったか，その質問で相手はどのような反応を示したか，演じてみて気づいたことを記述してみよう。

演じてどのように感じたか，母親の気持ちを引き出すためにどのような態度や言葉がけをしたか，母親が，痣（あざ）ができるほどつねらざるを得なかった気持ちを理解することができたか，効果的な質問はどのようなものであったか，を振り返り，スキルアップにつなげていくこと。

（寅屋壽廣）

3．保護者の子育て力を高める子育て支援の環境

（1）親子ふれあい遊びによる子育て支援の環境

子育て支援における親子のふれあいにおいては，わが子が友達の遊んでいる玩具を使って遊びたいと思ったり，逆に，友達がわが子の使っている玩具を使って遊びたいと思ったりすることがある。そうした場面において，わが子が友達の玩具を取りにいったり，逆に，友達がわが子の玩具を取りにきたりして，おもちゃの取り合いになることがある。

玩具の取り合いの結果，玩具を奪われた子どもが泣いて母親のところに行き，抱っこされているといった状況をみかけることがある。そうした場面をよく見ていると，母親は子どもの気持ちを落ち着かせるために抱きかかえて，子どもの気持ちを読み取った上で，子どもの名前を呼んだり，「よしよし」と慰めたりする声かけをおこなっていることがある。その結果，しばらくし

てから，子どもは自ら母親のもとを離れて，遊びを再開していくのである。

　こうした場面を見ていると，子どもは遊びや生活のなかで上手くいかなかったり，傷ついたりした際に，母親のもとへ戻り，その後，母親とのやりとりを通してエネルギーを充電し，その充電によって気持ちを切り替えて，再度遊びへと戻っていくようにも見える。

　このように，子どもが危険を感じたり傷ついたりした際に，愛着対象であり，信頼できる母親のもとに子どもが戻っていく緊急避難の場所をエインズワースは「安全基地（A Secure Base）」と呼んでいる。

　そして，子どもが危険を感じたり傷ついたりした時に，母親のもとに行き，そこで，受容され，安全基地であることを子どもが実感することで，再度，母親の元を離れて遊びにいくことができるのである。

　子育て支援場面でおこなわれることの多い「親子のふれあい遊び」には，手遊び・歌遊び・身体遊びなど，実にさまざまなものがある。しかし，どれをとっても文字通り，親子がふれあいながら遊び，親子が一緒に楽しむことで，心の交流が図られている。

　そうした遊びのなかに，わらべうた遊びがあり，ゆったりしたリズムで，親子が向き合い，スキンシップを取りながら一緒に楽しむことができる。歌が上手いかどうかは関係なく，母親に抱っこされながら，母親の歌声を聴くというのは，子どもにとってこの上ない至福の時間と思われる。母の温かさを感じ（触覚），歌声を耳元で聴き（聴覚），母親の表情を見て（視覚），母親の匂い（嗅覚）まで感じ取りながら，五感をフルに活用している子育て支援であり，そうした子育て支援の環境を整えることは大変重要なのである。

　親子でのふれあい遊びの一つであるわらべうた遊びについては，家でも手軽に親子で遊べるということもあり，そのことを伝えながら繰り返しおこなっていくことは子育て支援につながっていくものである。保育相談支援技術のなかに「体験の提供」も挙げられているが，親子ふれあい遊びは，まさに体験の提供をし，日常の子育てのヒントを発信しているものであり，そこで，子育て方法の獲得をし，親子で楽しむ体験として日々の子育てに活用できる。近年は育児の中にも随分とスマホの利用が広がり，スマホ育児が心配される時代となっているが，そのような時代だからこそ一旦スマホをしまい，親子がしっかり向き合う時間が大切である。子育ての日常生活に親子でのふれあい遊びがある環境は，子育ての方法の幅を広げ，親子の穏やかな時間を共有できると思われる。日常生活に生かしてこそ，子どもの成長発達や保護者の子育て力を引き出すことに良い影響があるため，家でも気軽にできるような内容の遊びを提示していくことが必要である。

▶表紙が見えるように並べてある絵本と愛着人形（マイ人形）
写真提供：深井こども園。

（2）玩具などの物理的環境を活用した子育て支援

　子どもの遊びにとって，玩具はとても大切なものであるが，子どもの成長・発達に合う玩具を選ぶのは，保育者の役割である。そして，それらは自ら選んで遊べるように，低めの棚など子どもの手が届く位置に置いておきたい。そのような環境があることにより，子どもは自ら好きな玩具を選び取り，動き出すことができる。しまっておくのではなく，積み木などは一部を作り，すぐに遊びだせそうな状態にして提示するのも一案である。それは玩具に限らず絵本も同様であり，背表紙ではなく，表紙が見えるように並べておくことで子どもの目に留まり，手に取りやすくなるということがある。

　玩具はとても大切であると述べたが，子どもと玩具とのやり取りは子どもの心に栄養をたっぷり注ぐことができると考えられる。子どもが玩具を手にして何らかの働きかけをすることで，そこに変化が起こる。たとえば，「手から離したボールがころがって下から出てくる」というような，大人にとっては単純に見えるできごとも，小さな子どもにとっては大発見となる。この大発見の一つひとつの積み重ねは，子どもの心を育むことにつながっていくだろう。反対にスマホのアプリなどは，子どもから働きかけをしなくても大きな刺激が次々とやってくるものであり，やり取りはなく一方的である。

　保育者は子どもと玩具の関係性を考えた上で玩具を選ぶところにも専門性を生かしていくことになる。そして，それについても保護者とも連携しながら取り組んでいく必要がある。

（3）子育て親子の交流の場（環境）による子育て支援

　親子でのふれあい遊びは，親子が向き合い心の交流を深めることができるが，子育てひろば等の会場で他の親子と一緒におこなう場合には，お互いがよい刺激にもなる。他の親子のやり取りから，ヒントを得て，自分の子育て

▶親子の交流をサポートする子育て支援

写真提供：NPO法人さくらの咲く丘。

に役立てることもあるだろう。

　子育て支援の場は，子どもたちだけではなく，親も子育て支援スタッフも皆が一緒に育ち合う場である。親子だけの関係性に留まらず，他の親子との交流があるなかで，自分の子育てを振り返ることができる。それを促すためにも，親子が語り合えるスペースを確保することも重要である。安定した子育てをしていくためには，親自身がホッとする場をつくることが重要である。親支援は，子育て支援のなかで重要な位置を占めるものである。

　親子が交流できる親子の広場であるが，子どもの状態はさまざまである。時には遊べない気分の時もあり，親子の避難スペースにもなるような一部が棚等で仕切られた落ち着く空間もあるとよいだろう。親子だけの空間が作られることにより，緊張がほどけたように母親に甘える子どもも少なくないように見受けられる。

　このように環境が，親子の交流をサポートしたり，成長発達を後押ししたりして，子育て支援をより豊かなものにするのである。

演習問題

　子どもが健やかに育つ環境には，親子のふれあい遊び以外にどのようなものがあるのだろうか。子育てのさまざまな場面をイメージしながら，グループで出し合ってみよう。

（園川　緑）

引用・参考文献

柏女霊峰・橋本真紀編（2011）『保育相談支援』ミネルヴァ書房。

公益社団法人日本小児科医会リーフレット（2017）「スマホに子守をさせないで」
　　日本小児科医会HP。

https://www.jpa-web.org/information/sumaho.html

中野由美子編（2013）『家庭支援論』一藝社。

才村純・芝野松次郎・新川泰弘・宮野安治編（2019）『子ども家庭福祉専門職のための子育て支援入門』ミネルヴァ書房。

髙井由起子編（2016）『わたしたちの暮らしとソーシャルワークⅡ』保育出版社。

松原康雄・村田典子・南野奈津子編（2019）『子ども家庭支援論』中央法規。

コラム5 巡回訪問支援

　共生社会の実現のため，保育所では，障がいのある子どもなど特別な支援を必要とする子どもたちを積極的に受け入れており，その数は年々増加傾向にある。ここでは，特別な支援を必要とする子どもたちに対しておこなわれている保育所における巡回訪問支援を取り上げる。

　ある自治体では，市独自の事業として，2000（平成12）年より，市内の保育現場（保育所・保育園・認定こども園・幼稚園）に，計10か所，年間3回，公認心理師等の発達支援の専門職が園を訪問し，特別な支援を必要とする子どもへのかかわり方などについて相談支援する巡回訪問支援という事業を実施している。

　巡回訪問支援では，園と巡回訪問支援員がチームとなって特別な支援を必要とする子どもたちへの対応や支援について検討する。その方法としては，① 対象となる子どもの行動観察をおこなう，② 所定の用紙にまとめられた子どもの現状を担任保育士から聞く，③ 巡回訪問支援員が考えられる子どもの行動の原因や対応策についてのアドバイスや助言をおこなう，④ 担任保育士と一緒に今後の対応や保護者との連携について考える，ということが挙げられる。

　ここで事例として取り上げる園では，障がいのある子どもだけでなく，何らかの特別な支援を必要とする子どもが1つのクラスに複数名いることから，管理職や先輩保育士に，どのように子どもたちに接していいか相談している。ここでは，園として対応した担任保育士への巡回訪問支援についてみていく。

　A（3歳児）は，給食の時間の前になると突然，机を倒したり，保育室のなかを走り回ったりする行動があり，担任保育士は対応に苦慮していた。

　その給食の時間のことであるが，担任保育士は，偏食があるAに，苦手な緑色の野菜類を少しでも食べられるように毎日かかわっていた。このことに関して，保護者も「小学校に行くと，給食ももっと厳しくなるし，何でも食べられるようになってほしい」と話していた。そこで，担任保育士は，偏食がなくなるように指導していたが，Aの問題行動はどんどんエスカレートしていった。

　そこで，巡回訪問支援員が担任保育士に，まず，感覚の敏感さや鈍感さの不均衡は，発達障害のある子によく見られる感覚の異常であることを説明した。次に，味覚に関して感覚過敏のある子どもにとっては苦手な野菜類を食べることは，苦味の強いものを口に入れることであるため，非常に不快であることを伝えた。その結果，担任保育士は，子どもの行動の背景に感覚過敏があることを理解し，「あの子にそんなにしんどい思いをさせていたのか」と，自らの対応を振り返り，涙して申し訳ないことをしたと反省したのであった。そして，Aの偏食への対応について，保護者からの協力を得るため，巡回訪問支援員が同席のもと担任保育士が保護者に説明した。

　その際，まず，感覚過敏であるため，Aが食べられる食材のみを配膳し，苦手な食材については強制することなく，自分から求めるまで，待っていくことを話した。次に，Aは，無理に緑色の野菜類を食べなくても良くなると，周りの子どもたちの食べる様子をよく見るようになったことを伝えた。そして，最終的には，自分から担任保育士に「1口食べてみる」というようになり，周りの子どもたちの影響でAが変化したことを伝えた。その後も，自分から食べられるものを少しずつ増やしていったが，給食前に対応に苦慮することは一切なくなった。

　巡回訪問支援においては，保護者の協力を得て，巡回訪問支援員が保育士とともに，子どもの育ちを支援している。

（木村将夫）

第11章　送迎場面を活用した子育て支援

　保育士にとって，朝夕の送迎場面は，保護者と直接コミュニケーションを取ることのできる貴重な時間である。本章では，まず，送迎場面を活用した子育て支援の重要性と基本姿勢について学ぶ。そして，いくつかの事例を通して，具体的な支援のあり方について理解を深めていく。

1．送迎場面を活用した子育て支援の重要性と基本姿勢

（1）送迎場面を活用した子育て支援の重要性

　柏女・橋本（2016）が述べているように，送迎時における「子ども」，「保護者」，「保育士」の三者による日常的なかかわりは，ほかの専門職が持ちえない貴重な機会であり，子育て支援では，こうした日々のコミュニケーションを意識的に活用していくことが求められる。何気ない日常の会話を通して，保護者と保育士は互いについて知り合い，子どもにかかわる情報を交換，共有する。保育士は保護者の語りのなかから，家庭での子どもの姿や親子関係に思いをめぐらし，それを保育や子育て支援に生かしていく。他方，保護者も保育士の言葉の端々から，自分の知らないわが子の姿を知り，それに一喜一憂しながら，その子の親として育っていく。

　このようにして，子どもの24時間を保育士と保護者がつなぎ合うことが重要であり，そうしたやりとりを通じて，三者の関係は深まり，信頼関係が構築されていく（松尾，2014）。したがって，送迎場面は，信頼関係を構築する場であると同時に，こうして築き上げられた信頼関係を基盤として，実際に子育て支援がおこなわれる場でもあるといえよう。

（2）送迎場面を活用した子育て支援の基本姿勢

① 保護者の多様性を理解する

　上述のように，保育士にとって送迎時をとらえた保護者との関係づくりは非常に重要な業務の一つであるが，保護者とのかかわりに困難を感じる保育士は少なくない（成田，2012；善本，2003）。とりわけ，子育て経験のない新人保育士にとって，自分よりも年上の保護者とのコミュニケーションに難しさを感じることは，ある意味，仕方のないことかもしれない（片山，2016）。また，実際のところ，保育所の送迎に苦手意識をもつ保護者もいる。よく聞

かれるのは，お迎えで一緒になる他の保護者との付き合いがどうも苦手という声や，仕事から疲れて帰ってきて早く帰宅したいのに，保育士や他の保護者と会話をすることがわずらわしいという声である。この他にも，たまの送迎で居心地の悪さを感じている父親や，そもそも人付き合いが苦手という保護者もいるだろう。もとより，「保護者」と一口にいっても，若年，高齢，外国籍，ひとり親，生活保護家庭，障がいや疾患のある保護者などさまざまであり，それぞれが多様な背景や事情を抱えているのである。こうした保護者の多様性を念頭に置きながら，一人ひとりの保護者と丁寧にかかわることが大切である。

　また，保護者のなかには，保育士が気軽に話しかけやすいタイプの人もいれば，そうでない人もいるだろう。保育士は，対人援助のプロとして，話しかけやすい一部の保護者だけではなく，どの保護者とも平等にかかわることができなければならない。保護者は，案外，そういった保育士の姿を見ているものである。ただし，ここでいう平等とは決して機械的なものではない。当然のことながら，その時どきで，より一層の支援を必要とする親子は存在するし（家族関係の変化や虐待の傾向など），必要に応じて積極的に声かけをするなど，保育士による特別な援助が必要な場合もあるだろう。こうしたかかわりの濃淡はありつつも，どの親子にも個別支援の潜在的なニーズがあると仮定し，すべての保護者に対して「いつでも相談に乗りますよ」というメッセージが伝わるよう心を配ることが重要である。

② 保護者を共感的に理解する

　核家族や共働き家庭の増加にともなって，昨今の保護者は多忙を極めている。たとえば，家事・育児の大半を一人でこなす，いわゆる「ワンオペ育児」を余儀なくされているワーキング・マザーも少なくない。ただでさえ慌ただしい通勤前後の送迎時に，保育士から「もう少し早く保育所に連れてきてください」とか「〇〇ちゃんは今日もお野菜を残しました。お家でもっと努力してください」などと，頭ごなしに“お説教”されては，なかなか素直に聞けるものではないだろう。

　吉田（2007）は，保護者支援の鉄則として「目の前に座られている保護者が，これまでずっと最善の手を取り続けてこられたのだということを肝に銘ずる」ことを第一に挙げている。子育てと仕事を必死にこなしている保護者に対し，正論を言うのは簡単である。しかし，こうした保護者の状況に対して共感的理解がなければ，保護者は，「この保育士には自分の気持ちはわかってもらえない」という思いを募らせるだけである。人は，わかってもらえて初めて，自分の行動を省みることができるようになる。まずは，保護者が

置かれている状況をしっかりと受け止めてあげられるような保育士であってほしい。

（3）保護者の日常を支える環境構成の工夫

　朝夕の送迎時に，保育士が毎日，保護者一人ひとりと直接コミュニケーションを取ることができれば理想的ではあるが，規模の大きな保育所ほど，そうはいかないだろう。そこで保育士は，環境構成を工夫することによっても，間接的ではあるが，保護者の日常を支えることができる。

　まず，送迎時の保護者を温かく迎え入れる環境とはどのようなものかを考えてみよう。たとえば，保育所のエントランスホールは明るく清潔で，保護者が安らぎを感じられるような雰囲気に満ちているだろうか。草木や花々といった自然や季節の行事に彩られた掲示物から，保護者は季節の移ろいを感じとることができるだろうか。あるいは，何か困ったことやたずねたいことがあれば，気軽に話しかけることのできる雰囲気の保育士は近くにいるだろうか。こうした保育士の心遣いに満ちた物的・人的環境も，子育て支援の大切な一部である。

　また，日々の連絡事項を漏れなく伝えるために，次のような工夫ができる。たとえば，保育所のエントランスホールの壁面など，送迎にきた保護者が確実に通過する動線上に掲示板を設置し，「明日は遠足です。集合時間は8時半。お弁当を持ってきてください」，「明日はクッキングをします。エプロンを持ってきてください」，「明日の保護者会は中止します」といった掲示をすることが望ましい。保育士としては，月初めに，園だよりやクラスだよりを通して，こうした情報を伝えているつもりでも，日々忙しい保護者はうっかりと忘れてしまうこともないとはいえない。実際，筆者は，お弁当を忘れたために，遠足をあきらめて帰宅した親子を目撃したことがある。年齢が上がれば，子ども自身が保護者に対して翌日の行事や持ち物について伝えることもできるだろうが，それまでは，こうした保育士の配慮が保護者にとっては大きな助けとなるだろう。

演習問題

　保育士，保護者，観察者の役に分かれて，朝の登園場面をロールプレイしてみよう。そして，お互いに感想を伝え合おう。

2．演習事例「出勤前の母親と登園をしぶって泣く子どもへの対応」

　登園時に，子どもが保護者と離れるのを嫌がって泣くのは，保育所ではよく見られる光景である。本節では，「出勤前の母親と登園をしぶって泣く子どもへの対応」の事例を取り上げて，送迎場面を活用した子育て支援の実際について考えていく。

　　新年度，小規模保育園から転園してきた年少児のトモくん。4月当初は，「ママー！　ママー！」と大声で泣き叫び，母親から離れようとしなかったが，最近は少しずつ慣れ，仲良くなったお友達が迎えにきてくれれば，すっと教室に入れることも増えていた。しかし，今朝のトモくんは，再び，母親にしがみついて泣き止まず，母親は途方に暮れてしまっていた。その様子に気づいた保育士は，トモくん親子に近づき，「トモくんおはよう。さあ，先生といっしょに，お母さんにバイバイしよう」と言って，トモくんをお母さんから抱き上げた。

　　母親は「先生，いつもすみません。最近は，ちょっと慣れてきたかなと思っていたのですが，やっぱりダメみたいで…」と今にも泣き出しそうに言った。

　　保育士は「お母さん，大丈夫ですよ。誰でも最初はこんな感じですよ。実は，もう少し早い時間帯に登園する子たちは，今でも泣いたり怒ったりと，それはにぎやかなものですよ」と優しく笑顔で言った。「それに，最近ではトモくんも，ちょっとしたら泣き止んで，お友達と笑顔で元気に遊んでいますよ」と伝えた。母親は，「そうなんですね。それを聞いて，少し気が楽になりました」と少し笑顔を見せ，「…じゃあ，行ってくるね。ママも頑張るからね」と，トモ君の背中をさすった。

ポイント

　1－1．〈送迎場面における保育士の基本的姿勢と留意点〉
　　朝夕の送迎場面における保育士の基本的姿勢と，保護者を迎え入れるにあたっての留意点を考える。
　1－2．〈登園をしぶる子どもと保護者への対応〉
　　子どもが登園をしぶる理由について理解する。また，出勤前の保護者に必要な援助を考える。

> 2－1. 朝夕の送迎の際，保育士はどのように保護者を迎え入れるべきだろうか。登園時と降園時のそれぞれについて考えてみよう。
>
> 2－2. 子どもの登園しぶりについて，考えられる理由を挙げてみよう。また，保護者に対しては，どのような援助が必要かを考えよう。

演習方法

> ① 自分の考えを記入してみよう。
>
> ② グループで意見交換して，グループの意見を記入してみよう。記入後に発表。
>
> ③ ほかのグループの発表を聞いて気づいたことを記入してみよう。

解　説

> 3－1. 朝夕の送迎場面における保育士の基本的態度と留意点
>
> ① 温かな笑顔で出迎える。
>
> ② 慌ただしい朝の登園時には，会話は挨拶程度にとどめ，保護者と子どもの様子をよく観察する。
>
> ③ 夕方の降園時は，保護者の様子を確認しつつ，園での子どもの様子をできるだけ伝えるようにする。
>
> ④ 送迎時の相談は，周囲に他の保護者や保育士がいるなかで展開されることから，個人情報やプライバシーに配慮する。

　朝の登園の時間は，まず，笑顔で挨拶をし，保護者と子どもの様子をよく観察する。出勤前の保護者は，時間的にも精神的にも余裕がないことが多く，よほど重要な連絡事項がない限りは，挨拶程度の会話と子どもの体調確認をし，子どもの受け入れをスムーズにおこなう。

　夕方の降園時は，保護者の様子を確認しつつ，園での子どもの様子を伝えるようにする。連絡帳とともに，保育士からの毎日の報告を楽しみにしている保護者は多い。特に，その日の子どもの頑張りや成長を伝えることで，子どもは保護者にも認められ，満足した気持ちで保育所の一日を締めくくることができる（荒井，1997）。

　この他，「連絡帳にも書きましたが」などと前置きをしながら，文章では伝えきれなかったニュアンスを補足として伝えたり，「今日も洗濯物が多くってごめんなさいね」や「お忙しいなか，美味しそうなお弁当をありがとう

ございました」などと，保護者をねぎらうような言葉をかけるのもよいだろう。保育士の側から，「この前おっしゃっていた○○は，その後，どうなりましたか」と切り出すことも，「この先生は私たち親子のことをちゃんと気にかけてくれているのだな」という温かなメッセージとして伝わる。なお，保護者に確実に伝えるべき報告・連絡事項がある場合，伝え忘れのないよう，保育士同士の連携が必要である。もし伝え忘れがあった場合は，後に電話連絡でフォローすることも重要であろう。

　時間にゆとりがあるようであれば，保護者を子どもの遊びに誘って，会話や遊びを楽しんだり，保護者の話を「傾聴」したり，さりげなくかかわりの「行動見本」を示すこともできる。こうしたなかで，たとえば，わが子へのかかわりに悩んでいた保護者が，かかわりのヒントや子どもに対する違った見方を得たり，個別支援につながったりすることもある。

　ただし，送迎時における子育て支援は，周囲に他の保護者や保育士がいるなかで展開されることに留意し，個人情報やプライバシーに深く触れることは控えるべきである。話がデリケートな内容を含むものになりそうなときは，「もしお時間があるようでしたら，となりのお部屋で，お話を聴かせていただけませんか」，「もしよかったら，日を改めて，○○についてお話ししませんか」と個人面談を提案するとよい。

　３－２．登園をしぶる子どもと保護者への対応
　① 子どもが登園をしぶる理由
　（１）嫌なこと，苦手なことがある（嫌な行事がある，給食に苦手なメニューがある，など）
　（２）前日に嫌なことがあった（先生に叱られた，友だちとケンカした，など）
　（３）保護者への甘え（入園直後，妹・弟が生まれたばかり，など）
　（４）環境の変化（休み明け，クラス替えのあと，など）
　（５）体調不良・生活リズムの乱れ
　（６）その他
　②「保育相談支援技術」を用いて，親子の気持ちの切り替えを促すなど，保護者が安心して子どもを預けて仕事に向かうことができるよう援助する。

---

　①に示したとおり，子どもが登園をしぶる理由には，さまざまなものがある。ただし，本人に理由をたずねても，うまく言葉で表現できるわけではなく，むしろ，言葉にできないモヤモヤした気持ちが「登園しぶり」という行動になっていることが多い。したがって，「（５）生活リズムの乱れ・体調不良」の場合は別の対応が必要であるとして，そうしたモヤモヤした気持ちを

丸ごと受け止めてもらったり，十分に共感してもらったりすることで，子どもは気持ちの切り替えが容易になる。実際，登園時には泣きながら保育士に抱かれていたとしても，保護者が出勤してしばらくすると，お友達と楽しそうに遊んだり，園の活動に参加したりするなど，案外，ケロッとしていることが多いのはそのためであろう。

　なお，この事例のトモくんは，小規模保育園から転園して間もない子どもであり，上記の「（4）環境の変化」も登園しぶりの一因であったと考えられる。小規模保育園とは0〜2歳児を対象に，定員6〜19人と少人数で運営される保育園であり，トモくん親子は，さまざまな環境の変化に適応しようとしている最中にあるといえるだろう。そうした親子に対しては，登園時に限らず，通常より少し丁寧なかかわりが必要であることを心に留めておくべきである。

　さて，この事例の保育士の行動を「保育相談支援技術」の観点から読み解いてみると，保育士はまず，トモくん親子の様子を「観察」して，母親の焦る気持ちを「読み取り」，この時期の登園しぶりについての「解説」や，登園後のトモ君の状態の「伝達」を通して，母親の気持ちを落ち着かせている。この他，「トモ君はお母さんが大好きだから，離れたくなくて泣いちゃうけど，お母さんもお仕事があるものね。トモくんも頑張るから，お母さんもお仕事頑張ってきてね」などと，親子の「気持ちの代弁」をすることも有効である。このように，子どもが登園をしぶる場合は，保護者が安心して子どもを預けて仕事に向かうことができるよう，親子の気持ちの切り替えを助けることが大切な援助となる。

3．演習事例「子どものいざこざと怪我（噛みつき）を伝える時の対応」

　次に，「子どものいざこざと怪我（噛みつき）を伝える時の対応」について，典型的な事例を見てみよう。

　年少児のタケちゃんは，言葉の発達に少し遅れがあり，療育に通っている。タケちゃんには仲良しの友達がいるが，砂場でスコップの取り合いになった際に，タケちゃんがその子の肩を噛んでしまった。

　担任保育士は，お迎えにきたタケちゃんの母親に対して，「お母さん，ごめんなさい。今朝，皆で砂場で遊んでいるときに，スコップの取り合いになって，タケちゃんがお友達のカズくんの肩を噛んでしまったんです」と伝えた。

　タケちゃんの母親は，即座に，「えー。本当ですか。カズくんのケガは大丈夫でしたか」と聞くので，「冷やして様子を見ましたが，今日のところは少しだけ歯形が残ってしまいました」と正直に伝え，「保育士が近くについていながら，噛みつきを防げずに，申し訳ありませんでした」と謝った。

　タケちゃんの母親は「タケは腹を立てると，今でも，手を出してしまったり癇癪を起すことがあって…でも，まさか，噛むなんて…」とショックを受けた様子だった。保育士は「タケちゃんには，その時，欲しい時は『貸して』と言うんだよとお話しました。カズくんには『ごめんなさい』を言うこともできましたよ」と伝えた。

ポイント

```
1－1.〈子どもの噛みつきと対処方法〉
　子どもの噛みつきが生じる理由と対処方法について正しく理解する。
1－2.〈保護者に子どものいざこざや怪我を伝える際の留意点〉
　保護者に子どものいざこざや怪我を伝える際は，当該の問題が生じた経緯
や対処方法などについて，できるだけ早く，丁寧かつ誠実に説明する必要が
ある。
```

演習課題

```
2－1.　子どもの噛みつきが生じる理由について調べてみよう。また，噛ん
　だ子どもと噛まれた子どもに対して，それぞれ，どのような対処をしたら
　よいか考えてみよう。
2－2.　保護者に対し，子どものいざこざや怪我について，どのように伝え
　たらよいか考えてみよう。
```

演習方法

```
① 自分の考えを記入してみよう。
② グループで意見交換して，グループの意見を記入してみよう。記入後に
　発表。
③ ほかのグループの発表を聞いて気づいたことを記入してみよう。
```

解　説

```
3－1.　子どもの噛みつきが生じる理由と対処方法
```

① 子どもの噛みつきが生じる理由
（1）噛みつきは1歳児クラス（1歳半から2歳がピーク）で最も多い。
（2）自分の意志や周囲の子への関心が芽生えてきたものの，まだ言葉でうまく自分の思いを伝えられないことから，噛みつきが生じる。
（3）保育士の目が届きにくい時間帯（朝・夕など）に噛みつきが多発する傾向がある。
② 噛んだ子への対処方法
（1）噛んでしまった気持ちを代弁する。
（2）噛まれた子どもが痛い思いをしていることを伝える。
（3）噛みつきに代わる望ましい行動を教える。
③ 噛まれた子への対処方法
（1）傷口を流水で洗い，冷やす。
（2）痛みに共感する。
（3）噛んだ子どもの気持ちを代弁する。

　乳幼児の噛みつきをいかに防ぐかは，昔から保育現場の悩みの種であった（西川，2017）。小さな子どもの歯といえども，噛まれれば痛いし，歯形や内出血の痕が残る。保護者への伝え方にも配慮が必要で，噛まれた側の保護者は辛い気持ちになるし，噛んだ側の保護者も「自分の愛情が足らないのか」などと自責の念に苛まれる。対応を誤ると，保護者の関係が険悪になったり，園への不信につながったり，噛んだ側が退園を余儀なくされたりといった事態に発展する場合もあると聞く。

　①にあるように，噛みつきは，自我や他児への関心が芽生える1〜2歳児に多発することから，言葉やコミュニケーションが未熟であるために生じる一過性のものと考えられる。また，おもちゃの取り合いが直接的な原因になることが多いため，保育士はできるだけ子ども集団が過密にならないようにし，十分な数の遊具を用意するとともに，保育士の目が行き届くような環境を設定することで，噛みつきを未然に防げるようにする。

　それでも噛みつきが生じてしまった場合は，②と③に示したように，噛んだ側，噛まれた側双方の気持ちに寄り添い，噛んだ側の子どもには，「おもちゃが欲しかったんだよね。でも，噛まれたら痛いんだよ。痛い痛いって泣いているよね。今度からは，貸してって言ってみようね」などと伝え，噛まれた側の子どもには，傷口を水で洗い冷やしながら，「噛まれて痛かったね。びっくりしたよね。〇〇くん，このおもちゃが欲しかったんだけど，うまく言えなくて間違えちゃったんだね」などと伝える。

　さらに，保護者に対しては，保護者会やクラス便りを通して，①に示した

噛みつきの理由や園の対処方法について丁寧に伝えることにより，乳幼児期の噛みつきへの理解を促し，保育士と保護者がともに，発達途上の子どもを温かく見守る関係をつくることが大切である。

3－2．保護者に子どものいざこざや「噛みつき」を伝える際の留意点

① その日のうちに，口頭で伝える。

② 噛みつきを防げなかったことについて謝罪する。

③ 経緯と対処方法を丁寧に説明する。

④ 保護者に子どもの噛みつきについて伝える際は，園長や主任に，園の方針を確認する。

保護者に子どもの事故や怪我などを伝える必要がある場合には，連絡帳などの文面ではなく，送迎時に口頭でおこなうべきである。たとえば，事例のように，子ども同士のいざこざで相手の子どもを噛んでしまったことを伝える際は，その日のうちに，謝罪とともに状況を詳しく知らせるのが基本である。また，保育士は，子ども同士のいざこざについて，単に事実や結果を伝えるのではなく，保育士の注意が足らなかったことを謝罪するとともに，いざこざが生じた理由や保育士のその後の対応なども丁寧に説明することが重要である。こうした一つひとつの出来事に対して誠実に対応することが，保護者との信頼関係の構築につながることを理解したい。

ただし，保護者に対して子ども同士のいざこざや怪我について伝える際は，園の方針を確認しておく必要がある。たとえば，噛みつきが生じたときに，噛んだ側と噛まれた側の双方にお互いの名前を伝える園もあれば，名前を伏せておく方針の園もある。また，噛みつきが起きても，保護者に報告するのは何度も続いた時という園もある。いずれにせよ，噛みつきが生じたときには，園長や主任に相談し，保護者の受け止めや保護者同士の関係にも考慮して伝えるようにしなければならない。

引用・参考文献

荒井恭子（1997）「登園時，降園時大切にしたいこと」『教育じほう』591：34-37。

片山美香（2016）「保育者が有する保護者支援の特徴に関する探索的研究——保育者養成校における教授内容の検討に活かすために」『岡山大学教師教育開発センター紀要』6：11-20。

柏女霊峰・橋本真紀編著（2016）『保育相談支援　第2版』ミネルヴァ書房。

成田朋子（2012）「保護者対応に求められる保育者のコミュニケーション力」『名古屋柳城短期大学研究紀要』34：65-76。

西川由紀子（2017）「保育園における『かみつき』と保育制度の変化との関連——21年間の保育実践報告の分析から」『心理科学』38(2)：40-50。

松尾寛子（2014）「在園児と保護者に対する子育て支援を見越した関係構築のあり方についての基礎的研究―保育所等における登降園時の子どもの預かり方と返し方について」『神戸常盤大学紀要』7：1-8。

吉田圭吾（2007）『教師のための教育相談の技術』金子書房。

善本孝（2003）「保育におけるコミュニケーション――保育士に求められるコミュニケーション能力に関する調査から」『横浜女子短期大学紀要』18：47-64。

（磯部美良）

第12章　さまざまな伝達手段を活用した子育て支援

　保育所を利用している保護者に対する子育て支援においては，とりわけ保護者とのコミュニケーションが重要なのであるが，そうしたコミュニケーションの手段として連絡ノートやクラスだよりが挙げられる。本章では保育相談支援の技術を用いた連絡ノートやクラスだよりによる子育て支援の事例を通して，子育て支援の技術について学ぶ。

1. 連絡ノートやクラスだよりに活用される保育相談支援の技術

（1）連絡ノートやクラスだよりにおける保育相談支援の技術の整理

　柏女ら（2009）は，保育所保育士の実践から26の保育相談支援技術を明らかにした。

　第9章において詳細に説明しているが，本章では，連絡ノートやクラスだよりといった文字媒体を用いた子育て支援で使用できる保育相談支援の技術について表12-1にまとめた。同じように文字媒体による子育て支援でも，連絡ノートとクラスだよりでは異なる部分がある。

（2）連絡ノートによる保育相談支援

　保育相談支援の技術には，受信型と発信型があるが，連絡ノートは保護者と保育者が相互にやり取りするため，両方の技術を用いる。たとえば，保護者の連絡ノートの記述に，「夜子どもがなかなか寝てくれない」と書いてあるとする。これは子どもの寝かしつけに時間がかかっているという「情報収集」になる。保育者はこの情報をもとに，保護者のしんどさの「状態の読み取り」をおこなう。そして保護者の気持ちを「受容」，「傾聴」し，保育者も午睡の寝かしつけで困っているとすれば「共感・同様の体験」になる。これらの受信をもとに，連絡ノートを用いた発信型の支援ができる。寝かしつけで苦慮する保護者の気持ちを「大変ですよね」と「気持ちの代弁」をし，ねぎらいの言葉を書いて「承認」し，園でうまくいっている方法があれば「対応の提示」や，「方法の提案」をする。これとは逆に保護者の方法がうまくいっている場合，そのやり方を保育士が取り入れることもある。このように，連絡ノートは，日々の保育相談支援に欠かせないツールである。

表 12-1　連絡ノートやクラスだよりを用いた子育て支援に活用できる保育相談支援の技術

		技術類型	技術の定義	連絡ノート	クラスだより
受信型	情報収集／分析	情報収集	保護者や子どもの状態を把握するための情報を集める行為	○	
		状態の読み取り	観察や情報収集により把握された情報に，保育士の印象，推察を交えながら保護者や子どもの状態を捉える行為	○	
	受容的な技術	受容	保護者の心情や態度を受け止める発言や行為	○	
		傾聴	聴くことの重要性を認識した上で，保護者の話を聞く行為	○	
		共感・同様の体験	保護者と同様の体感をする，もしくは保護者の心情や態度を理解し，共有しようとする行為	○	
発信型	言語的助言	会話の活用	保護者との関係の構築を目的として，挨拶，日常会話などを意識的に活用している行為	○	
		承認	保護者の心情や態度を認めること	○	○
		支持	保護者の子どもや子育てへの意欲や態度が継続されるように働きかけること	○	○
		気持ちの代弁	現象から対象者の心情を読み取って他者に伝えること	○	○
		伝達	子どもの状態，保育士の印象を伝えること	○	○
		解説	現象に保育技術の視点から分析を加えて伝える発言や行為	○	○
		情報提供	広く一般的に活用しやすい情報を伝えること	○	○
		紹介	保護者が利用できる保育所の資源，他の機関やサービスについて説明し，利用を促すこと		○
		方法の提案	保護者の子育てに活用可能な具体的な方法の提示	○	○
		依頼	保育士が必要性を感じ，保護者に保育や子どもへの関わりを頼むこと	○	○
		対応の提示	保育所における子どもや保護者に対する保育士の対応を伝えること	○	○
		助言	保護者の子育てに対して抽象的に方向性や解決策を示すこと	○	○

出典：柏女らによる「保育指導技術の類型と定義」の表（柏女霊峰ほか（2009）保育指導技術の体系化に関する研究，こども未来財団，79.）から一部改変。

（3）クラスだよりによる保育相談支援

　　クラスだよりは基本的に保育者からの発信型のみである。クラスだよりはクラス全体の子どもたちの様子や課題等について記述される。普段の連絡ノートでは知ることのできない，わが子を含むクラスの子どもや家庭の様子，子どもの興味・関心について知ることができるという特徴がある。たとえば，「最近は何でも自分でやってみたい，という気持ちが芽生えている○○ぐみ

の子どもたちですが，言葉で気持ちを伝えることが難しく，おもちゃの取り合いになってしまうこともあります。…子どもたちひとりひとりの気持ちに寄り添って関わっていきたいです」といったように，〇〇ぐみの子どもたちの様子について「伝達」，「解説」し，その時にどういう対応をしているのか「対応の提示」ができる。よくある困ったことに対する「助言」（夜9時までに寝かせるようにしましょうなど）もクラスだよりのほうが伝えやすい。

　以上のように，保育者は連絡ノートとクラスだよりそれぞれの長所を生かし，活用していく必要がある。

（4）保護者と信頼関係を築くための受容

　連絡ノートやクラスだよりを活用した子育て支援において，保護者の気持ちを受け止めること（受容）はとくに重要である。受容とは，保護者が相談できる関係を築くための基本であり，もっとも重要な点である。保育者の価値観によって審判しないこと（非審判的態度）も重要である。しかし，これを虐待など保護者の不適切な行動を肯定することで用いることはない。

　たとえば，保護者が「子どもをたたいてしまう」と話した時に，「たまにくらいであれば，仕方のないことですよね」と返すことは受容ではない。子どもをたたくという行動に至るまでの大変さを受容し，「お母さんも疲れていたんですね」，「どういう時にしんどいですか」と辛さを受け止め，たたくという方法を取らずに済むように支援していくことが必要になる。

　柏女・橋本（2016）は，「保育相談支援では，保育士がまず親が親になる力を有していること，親としての潜在的な力，親としてのなんとかやっていきたいという思いを信じることが求められ」，「保護者自身の力を信じる姿勢を示すことは，援助関係のきっかけをまず保育士からつくる」ことになると述べている。保護者が求めていることは，親として，人として信頼されたいということに他ならないのである。そのような安心感のもとで，はじめて保護者は「この先生になら」と相談することができるようになる。

> **演習問題**
>
> 　同じ文字媒体による子育て支援でも，連絡ノートとクラスだよりでは，役割が異なる。それぞれの役割について整理してみよう。

（榎本祐子）

2．演習事例「連絡ノートの実際」

　写真12-1は実際の連絡ノートである。本節では，「実際の連絡ノート」でどのような保育相談支援の技術が使用されているのか，また連絡ノートを書く上でのポイントについて学ぶ。

家庭での様子など連絡事項

　昨日は元気でしたが…朝から牛乳をこぼし，夜はみそしるをふっとばし，カーテンが悲惨なことに。

　兄のお茶もわざとこぼし，イヤイヤワー！！！

　兄もこんな感じだったことを思い出しました。

園での様子と連絡事項

　なっちゃんの食事のヤンチャパワー，すごいですね。今日，園ではものすごくおりこうさんで，白ごはんもパクパク食べていました。サバの煮つけがよほどおいしかったのでしょうか。

　クラスの遊びでは，朝一にフワフワの雪を先生が集めて保育室内で触わって遊びました。なっちゃんは冷たがったり喜んだりすると思っていたのですが…まさかの無。「冷たいでしょー」と声をかけてもキョトン顔で，私一人がオーバーリアクションしていました。

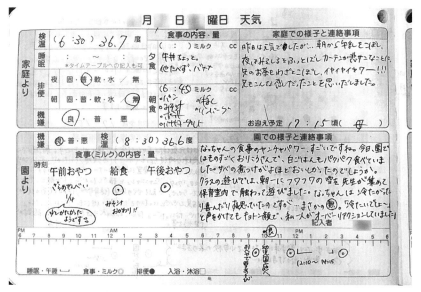

写真12-1　実際の連絡ノート（1歳5か月（女児））

ポイント

1－1.〈課題，ニーズの発見〉

　連絡ノートの「家庭での様子と連絡事項」（以下，コメント）を読んで，保護者がこの日，保育者に伝えたいことは何なのかを読み取る。

1－2.〈コメント内容の検討〉

　連絡ノートの内容は，① 保護者のコメントに対する返事の部分と，② その日の子どもの様子を伝える部分に大別できる。保護者の気持ちを受け止めつつ，子どものポジティブな側面を含む実際のエピソードを記すことがポイントである。そのため，一人ひとりの具体的なエピソードを覚えておく必要がある。

1－3.〈保育相談支援の技術を用いて連絡ノートに記入する〉

　保護者が伝えたいことを理解し，その日のエピソードとして記述する内容が決まれば，後は保育相談支援の技術を用いてコメントを書く。コメントへの記入は子どもの午睡中に書き終える必要があるため，時間との勝負でもある。

演習課題

2－1.　事例の「実際の連絡ノート」の保護者のコメントを読んで，この日の連絡ノートで保護者が保育士に伝えたいと思っていることを考えてみよう。

2－2.　事例の「実際の連絡ノート」において保育者のコメントで用いられている保育相談支援の技術について思いつくだけ挙げてみよう。

2－3.　事例の「実際の連絡ノート」の保護者のコメントを読んで，保育者になったつもりでコメントを書く練習をしてみよう。

演習方法

① 2－1.　について各自で考え，次にグループで検討してみよう。

② 2－2.　について各自で考え，次にグループで検討してみよう。

③ 2－3.　各自が実際にコメントを書いたあと，グループで書いたコメントを見せ合い，意見を交換しよう。その際，自分では気づかなかった良い点，表現の工夫が必要な点などについて話し合おう。さらにそれぞれのよいところをあわせて班としてのコメントを完成させて，クラスで発表しよう。

解　説

3－1．この日，保護者が保育士に伝えたいこと

　この日，保護者が保育者に伝えたいと考えられることを，表12-2に整理した。

表12-2　保護者が担任保育士に伝えたいこと

① 体調は良好である（風邪などは引いていない）。
② 子どもが食事中に食べ物をひっくり返し，困っている。
③ 兄の時も同じようなことがあり，こういう時期であるということは保護者なりに理解している。

　1つ目のポイントは体調についてである。子どもは頻繁に体調を崩し，急に熱がでることもある。他にも，鼻水，咳症状，おなかを下す，便秘になる，転んだりぶつけたりしてあざができるなど，さまざまなことが起こり続けるので，「昨日は元気」というのは親にとってうれしい報告である。

　2つ目のポイントは子どものちょっと困った行動である。1歳の子どもであれば，食べ物をわざとこぼすというのはよくあることで，発達上問題にならないことがほとんどである。しかし，子どもの心身の発達に問題がなくても，生活者である親にとってこのような状況が続くことはつらいことである。

　3つ目のポイントは「兄もこんな感じだったことを思い出しました。」と書かれており，保護者なりに子どもの困った行動を発達の一過程として受け止めようとしているということである。

　これらのポイントを整理すると，保護者の言いたいことは，「健康なのはうれしい。困った行動も発達の一過程だと理解している。しかし，今大変という私の気持ちを受け止めてほしい」ということになるであろう。

3－2．事例の保育士のコメントで用いられている保育相談支援の技術

　保育士が実際に用いた保育相談支援の技術を表12-3に整理して示した。

表12-3　保育士が実際に用いた相談支援の技術

① 保護者の大変さを受け止める「受容」「承認」「気持ちの代弁」
② 園での食事の様子を伝える「伝達」「解説」「方法の提案」
③ 園での遊びの様子を伝える「伝達」「解説」「対応の提示」

　まず，「なっちゃんの食事のヤンチャパワー，すごいですね」の部分には，〈すごいですね〉という短い言葉に，保護者の大変さを受け止める「受容」，保護者の心情や態度を認める「承認」が含まれていると考えられる。

　園での食事の様子については〈ものすごくおりこうさんで，白ごはんもパ

クパク食べていました〉という表現を用いてポジティブな出来事として「伝達」し，〈サバの煮つけがよほどおいしかったのでしょうか〉と，その日の食事を落ち着いて食べることができている理由について保育者の視点で「解説」している。保護者はこのコメントを読むことで，「好きなものだったら落ち着いて食べることができるのかも」と気づくかもしれない。このような「方法の提案」は，保護者の気づきを促すような言い回しを用いることも重要である。

　最後に，その日の子どもの様子が伝わるエピソードを挙げている。〈朝一にフワフワの雪を先生が集めて保育室内で触わって遊びました〉と，活動について「伝達」し，雪が降った日に園でおこなっている具体的な遊びの「対応の提示」もしている。〈なっちゃんは冷たがったり喜んだりすると思っていたのですが……まさかの無。「冷たいでしょー」と声をかけてもキョトン顔で，私一人がオーバーリアクションしていました。〉と，実際にその時の子どもと保育者の様子をコミカルに「伝達」している。

3－3．実際にコメントを書く時のコツ

　実際にコメントを書く時のコツを表12-4に整理した。連絡ノートのコメント欄の書き方には上記のようないくつかのポイントがある。

表12-4　コメントを書く時のコツ

① ひとりひとりの子どもの具体的なエピソードをあげる。
② 保護者のコメントに対し，共感したり，同意したり，コメント内容を反映した内容を書く。
③ 子どもの成長が見られた瞬間や保育者が「かわいい」と感じた瞬間などポジティブな姿をあげる。
④ 保育者の子どもに対するポジティブな感情「かわいい」，「愛しい」，「おもしろい」などを素直に記す。
⑤ 子どもの体調がすぐれない時は具体的にどう体調が悪かったのかを記し，心配の気持ちを添える。
⑥ 子どものことをよく見ているということが伝わるように「○○ちゃん」と意識して名前を書く。

　このようなポイントはあるものの，連絡ノートの書き方に1つの決まった方法があるわけではない。連絡ノートはコミュニケーションツールであることから，保育相談支援の技術やバイスティックの7原則などを意識しつつ，それぞれの保護者にあわせて内容や記述を柔軟に変える必要がある。たとえば，コメント欄に「今日も元気です，よろしくお願いします」などのきまり文句しか書かれていない場合や，毎日コメント欄が空白の場合がある。日々

の生活に追われ，連絡ノートに記入できない，保護者が文章を書くことが苦手など，それぞれの事情があるので，時折「家でいつもはどんな遊びをしていますか？」など，答えやすい質問を1つ入れてみるのもよいだろう。また，コメント欄に発達に関する心配や困った行動（友達を噛む，たたくなど）に関することが書かれていることもある。連絡ノートは日々のコミュニケーションツールとして有効であるものの，文章だけでは細かなニュアンスを伝えることが難しいこともあり，このような込み入った内容には「直接お話させていただきます」と書いた上で，保護者がお迎えにきたタイミングなどで直接話をしたほうがよいだろう。園で子どもが噛んだ，噛まれた，けがをした，けがをさせたといった内容も直接話すことが望ましい。要は「直接話すべきこと」と「連絡ノートのやりとりでよい内容」を判断する必要があり，連絡ノートの特性を踏まえて活用していくことが望まれる。

(榎本祐子)

3．演習事例「クラスだよりの実際」

　クラスだよりは，保護者に子どもたちの園での様子や成長について具体的なエピソードを交えて伝達する。保育者による保育技術を用いた保育の対応の提示や解説は，専門職として何ができるのかを示すことにもつながり，援助関係を築くことにも役立つ。本演習では，図12-1「ひまわりぐみだより」を題材に，クラスだよりを用いた保育相談支援の技術の実際について学び，さらにクラスだよりを作成する。

ひまわりぐみだより　　担任 ○○○○

　砂遊びが大好きなひまわり組。プリンを作って「はいどうぞ」と友だちとのやり取りを楽しみながら遊んでいる姿が見受けられます。先日は花壇の植え替えのために抜いた花を使い，その花びらを細かくちぎって，プリンの飾りにして遊びました。同じ花びらを使っても並べ方によって個性が出て，とっても素敵なプリンになりました。友だちの刺激を受けながら，真似をしてみたり，自分なりに考えてみたりと遊びの幅が広がってきています。

「イチゴ見つけたー」
　保育室前のプランターに植えたイチゴ
毎日頑張って水やりをしています。

「イチゴみっけた」「たべたいなー」
「でも3個じゃみんなの分足りないなー」
そこで子どもたちの考えたことは・・・
3粒をみんなの分に切ってクラス全員で食べること。

「発見名人になろう」
朝の送迎の時お気づきでしたか？
玄関の『ウエルカムボード』に毎日、問題や課題が書いてあります。（例えば、園庭のこいのぼりは何匹？裏庭の梅の実を見つけよう！など）　朝のひと時、子どもたちは楽しんで、答え探しをしています。保護者の皆さんも時間のある時、是非挑戦してみてください。こんな花が・・・など、季節を感じていただければと思っております。

　子どもってすごいですね。
　あんな小さいイチゴをみんなの分に切るなんて大人では考えられない発想ですね。
　ちなみに1粒を6個に切りました（笑）
　初めは、自分のことだけで精一杯だったのに、毎日の友だちとの生活の中で「みんなと一緒が楽しいな」という気持ちが育ってきているんですよね。

図12-1　クラスだよりの例

「この三輪車がいいねん」
　先日、赤い淵に黒い線が入っている、保育所に1台しかない子どもたちに人気の三輪車を巡って、「この三輪車、絶対乗りたい」「私が先に乗ろうと思っていたのに」と、二人の子どもが自己主張していました。その後、どうするかを考えて、「じゃ順番に使う？」「10数えたら交代な」「やっぱり、ぼくはこっちの三輪車でいいわ」などと、自分の気持ちに折り合いをつけで、譲り合うことができていました。

　保育所で経験する大切なことのひとつに「気持ちに折り合いをつける」ということがあります。「折り合う力」は幼児期以降の学びにつながり、社会生活に大切な自制心や協調性、粘り強さにも通じるそうです。子どもたちは集団での遊びの中で自然とそのことを学んでるのですね。

子どものやさしさに脱帽！！
　園庭で大きなカマキリを見つけて大喜びの子どもたち。ちょっぴり怖くって、手を引っ込めたとたん、園のフェンスをすり抜けて向こう側の道路へ逃げてしまいました。「みんなが外へ出たら危ないから、先生が捕まえてくるから、ここで待っててね。」と言って、逃げたカマキリを捕まえに・・・
　格闘の結果、捕まえたものの立派なかまが折れてしまいました。「かま折れてしまった、ごめんね。」と子どもたちに謝ると、子どもから一言・・・
　「先生、ごめんなさいはカマキリに言って」と。　　ガーン！！！
　本当に子どもたちのいう通り、痛かったのはカマキリ！　形だけの思いしかなかったことに、猛反省した出来事でした。
　その後、子どもたちは、空き箱でカマキリのおうちを作ってあげたり、草を入れてお世話をしたりと、担任の失態をカマキリへの愛に変えてくれる、本当にやさしい子どもたちに脱帽！！

「失敗は成功のもと！！」
　自分たちで組み合わせを考えたサーキット遊びが、毎日続いています。
　ある日のこと、昨日よりさらに難しい構成になった遊具を見て、できるか不安そうに見つめている子がいました。しばらく様子を見ていると、「手を持ってあげるから」と友だちに励まされ、はしごを渡ることができていました。何度も繰り返し挑戦していくうちにコツをつかんで、手を持ってもらわなくても渡れるようになり、その後、不安そうにしている他の子にアドバイスできるまでになっていました。

　自信のないことも自分の力や努力でやり遂げた時に、大きな達成感と共に「またやろう」と思う気持ちが出てくると感じています。子どもの行動や言葉をしっかりと受け止め、やる気をいっぱい育てていきたいと思います。

図12-1　クラスだよりの例（つづき）

ポイント

1－1.〈子どもの育ちを肯定的に伝達〉
　子どもの発達の様子や特性を理解し，保護者が肯定的に子育てに見通しをもつことができるような配慮のもと内容を構成すること。

1－2.〈温かい雰囲気を伝達〉
　一つのエピソードから醸し出す温かい雰囲気が伝わるような記述を心がけ，この時期の子どもにとって何が大切かを意図的に解説するなど保育士の配慮が必要。

1－3.〈子どもの行為の意味をわかりやすく解説〉
　保育の専門知識や技術を背景とした子育て支援となるように，子どもの行為の意味を解説しながら作成する。

演習課題

2－1.事例「ひまわりぐみだより」を読んで，どこにどのような保育相談支援の技術が使用されているか思いつくだけあげてみよう。

2－2.以下の情報を題材にクラスだよりを作成してみよう。
・給食の一場面。友だちの刺激を受け，おはしを使って食べようとする姿が増えてきている。
・今は正しい持ち方よりも，上手に使えなくても「やりたい」「やってみよう」とする気持ちをしっかり受け止めながらその気持ちを高める言葉がけをしている。
・徐々におはしの持ち方の指導もしていく。
・家庭でもそのように頑張る姿を応援してほしい。

演習方法

① 2－1.について，グループで事例に使用されている保育相談支援の技術について話し合おう。
② 2－2.に示されている題材を用いて，保育者は保護者に何を伝えたいかを明確にした上で，グループでクラスだよりを作成しよう。
③ できたクラスだよりをクラスで見せ合い，良かった点や改善案などを話し合おう。

解　説

3－1.このクラスだよりで用いられている保育相談支援
　このクラスだよりで用いられている保育相談支援の技術を表12-5に整理

して示した。

表12-5　用いられている保育相談支援の技術

イチゴ見つけたー	解説
発見名人になろう	伝達・情報発信・依頼
この三輪車がいいねん	解説
子どものやさしさに脱帽!!	伝達・気持ちの代弁
失敗は成功のもと!!	伝達・方法の提案

3-2. クラスだよりのポイント

① イチゴ見つけたー

　当番活動や自然とのかかわりのなかでの様子を伝え，具体的な子どもの姿から仲間意識の育ちの芽生えを観察し，子どもの言葉を通して「解説」をしている。

② 発見名人になろう

　遊びながら，さまざまなものを注意深く見たり，季節を感じたりできる問題を取り上げ，興味のきっかけとなる活動を「伝達」しながら保護者への「情報発信」をしている。また，〈保護者の皆さんも時間のある時に是非挑戦してみてください。〉と子どもとのチャレンジを保護者に「依頼」している。

③ この三輪車がいいねん

　保育に関する専門知識を通して，子どもが葛藤や折り合いをつける体験がいかに大切かを「解説」している。子どもの遊びの場面の具体的なエピソードを通して，つぶやきや気持ちをしっかり受容，承認することの意義も伝えている。

④ 子どものやさしさに脱帽!!

　子どもの優しさや感性の素晴らしさを保護者に「伝達」している。カマキリの気持ちになって発した言葉や，カマキリの世話をする様子を通して，子どもから受けとったあたたかさを保育士が感じ，「気持ちの代弁」をしている。

⑤ 失敗は成功のもと!!

　子どもたち一人ひとりが受容され，認められることが，子どもの心の育ちの基本であることを「伝達」している。また，周りの大人が子どもたちの活動を見守ったり，励ましたりすることが大切であるということを保護者に伝

え，子育てへの「方法の提案」をおこなっている。

3―3．クラスだよりの作成にあたり留意する点
① さまざまな家庭や保護者を考慮した内容・表現とすること

　クラスだよりは，子どもの言葉を入れることや，その時に担任が感じた素直な思いを書くことになる。その際，内容・表現によっては不快感をもつ保護者もいる。クラスだよりは連絡帳と異なり，クラスの保護者全員の手に渡る。どの保護者が読んでも，保育者の保護者や子どもに寄り添う姿勢が伝わるような内容や表現を心がける必要がある。

② 写真を載せる場合は個人情報保護の観点から十分に配慮する必要がある

　個人を特定することができる子どもの写真を載せることもあるが，その場合は必ず保護者に確認をとる。また，写真が同じ子どもに集中しないように注意する。許可が得られている子どもの顔を掲載する場合，１年のうちに必ず１人１回は載るように配慮する（毎回全員を載せるようにしているクラスだよりも多い）。

③ 子育てを豊かにするツールであること

　保護者が子どもと楽しめる遊びの紹介などを入れる。また，保育者からの一方的な発信となるため，わかりやすくあたたかな雰囲気の記述が求められる。

④ 誤字・脱字がないようにすること

　誤字・脱字は初歩的なミスなので，必ず読み返すこと。また，複数でチェックすることが望ましい。そのため，配布日までに余裕をもって作成する。

（板谷雅子）

引用・参考文献

大豆生田啓友（2017）『ちょっとした言葉かけで変わる保護者支援の新ルール10の法則』メイト。

柏女霊峰・西村真実・高山静子・橋本真紀・山川美恵子・小清水奈央（2009）「保育指導技術の体系化に関する研究」こども未来財団。

柏女霊峰・橋本真紀編（2016）『保育相談支援』ミネルヴァ書房。

無藤隆監，福元まゆみ編（2018）『事例で学ぶ保育内容「領域環境」』萌文書林。

森上史郎・柏女霊峰編（2016）『保育用語辞典』ミネルヴァ書房。

　個人懇談会における子ども家庭支援

　保育施設では保育者が子どもの育ちや子育てについて保護者と話し合うために，年に何回か個人懇談会を開催している。

　園の規模や家庭訪問の有無にもよるが，年に2〜3回程度，期間は1〜2週間，1日2〜7組，1組10分程度であることが多い。保育者と保護者の2者間でおこなわれることが多いが，認定こども園短時部や幼稚園では，子どもを交えて3者で実施することもある。最近は父親が懇談会に参加することも増えている。

　懇談会の時間は10分程度と短いため，保育者は予め話す内容の整理をおこなう。具体的には生活・遊び・友達関係の視点から子どもの育ちや課題をまとめる。事前に「懇談時に話したいこと」について保護者にアンケートをとることもある。

　懇談当日は，保護者と出会い，部屋への誘導をおこなう際に，その日の子どもの様子を話したり，日常会話をしたりすることで互いの緊張をほぐし，リラックスした雰囲気で懇談が始められるようにする。部屋に着いてからは，はす向かいになるように誘導し，着席する。

　ここでは「4歳児の子どもの友達関係を心配している母親との懇談」のエピソードを挙げる。

　母親から，4歳児のAちゃんが最近まで仲の良かったBちゃんと急に遊ばなくなっていること，Aちゃんにみちゃんと遊ばなくなった理由を尋ねても返答がなく，2人の間で何かあったのかと大変心配しているという相談があったため，まず〈傾聴〉した。保育者は，保護者の心配な気持ちに寄り添いつつも，最近のAちゃんは自由遊びの時間に1人で夢中になって遊んでいること，時にBちゃんや他のクラスの友達ともかかわり，楽しく過ごしていることを〈伝達〉した。すると，保護者は少しほっとした表情を見せた。そこで，「き

っと今はAちゃんがしたい遊びとBちゃんがしたい遊びが違うのかもしれませんね」とAちゃんの〈気持ちの代弁〉をし，自分の好きな遊びを見つけて1人で夢中になって遊ぶことはとても大切なことであること，子どもの友人関係も変化があり，時には葛藤を繰り返しながら育っていくことを〈情報提供〉した。保護者は保育者の保育の専門性に裏付けられた説明に納得された様子だった。保育者が友達関係の変化に気づいた時，子どもから話し出すまで待っていることや，一緒に遊ぶ中で表出される子どもの思いに寄り添っていることなど，保育者による園でのかかわり方についても〈対応の提示〉をした。

　このような対話を経て，最終的には保護者が自身の子育ての方向性について自己決定したことを尊重することで，保護者・子ども・保育者の3者がよりよい関係になるのである。懇談会は保育者にとっても保護者にとっても緊張する行事であるが，懇談をすることで，「一人の人」として保護者に対する理解が深まり，子どもの背景が見えてくる。このことは普段保育をおこなうなかでの子ども理解につながっていく。

　普段，なかなか話す機会がない保護者と向き合って話すことは，信頼関係を深める大きなきっかけになり，懇談会後に保護者から話しかけてもらえる回数が増えることも多く，懇談会がうまくいけば保護者との連携は取りやすくなる。

参考文献
柏女霊峰・西村真実・高山静子・橋本真紀・山川美恵子・小清水奈央（2009）「保育指導技術の体系化に関する研究」こども未来財団。

（守屋亜美）

第13章　さまざまな保育体験活動を活用した子育て支援

　本章では，地域子育て支援拠点での保育体験活動，すなわち，親子遊びを趣旨とする体験活動を通した子育て支援について取り上げる。本章の内容は，保育所在園児の保護者を対象とした保育参加や保育参観においても参考となるだろう。

1．地域子育て支援拠点における保育体験活動

　地域子育て支援拠点事業として実施されている地域子育て支援拠点（以下，拠点とする）の数は，2019（令和元）年度時点で全国7500か所を超えており，市町村，社会福祉法人，NPO法人などにより運営されている。保育所や認定こども園，公共施設での実施が多いが，商業施設，専用施設，マンションや児童館など，地域の実情に合わせて多様な場所で実施されている。開所時間内であれば，利用者はいつでも利用可能であり，親子に向けて開放された空間にて自由に過ごすことができる。このような地域における居場所の提供に加え，多くの拠点では利用者のニーズも考慮しながら，さまざまなプログラムが実施されている。保護者をメインターゲットにしたプログラムとしては，保護者同士の懇談会，サークル活動などがある。親子で一緒に楽しむことを趣旨とするものには保育体験活動（以下，親子遊び）があり，たとえば季節行事に関連した製作を親子でおこなうことなどは多くの拠点で実施されているだろう。本節では，親子遊びを活用した支援の概要について述べる。

（1）親子遊びと基本事業との関係
　拠点の基本事業は，「子育て親子の交流の場の提供と交流の促進／子育て等に関する相談，援助の実施／地域の子育て関連情報の提供／子育ておよび子育て支援に関する講習等の実施（月1回以上）」の4点である（厚生労働省，2017）。拠点でおこなう親子遊びは，入念に準備され，丁寧に実施されると，上述のほとんどの事業内容を包含する充実した支援となりうる。

（2）親子遊びをおこなうねらい
　親子遊び実施時には，なぜそれをおこなうのかというねらいを明確に設定しておくことが必要である。このねらいは，保育者側で明確になっていることが重要なのであって，保護者には何をおこなうのかが確実に伝わることこ

そが重要である。なぜ親子遊びをおこなうのかについて，想定しうるねらい
を整理してみよう。

① 利用のきっかけ作り

　親子で楽しめる機会を提供することにより，拠点来所のきっかけを作るこ
とが，ねらいとしてまず挙げられる。初めて拠点を利用する場合，何か利用
のための理由がある方が足を運びやすいという場合が多いだろう。また，し
ばらく利用していなかった親子においても，魅力的な親子遊びが来所のきっ
かけとなりうる。つまり，気軽に利用してもらう契機とすることが第一のね
らいである。この目的の達成には，必要な情報を地域の保護者へ確実に届け
ることが重要だ。公共機関経由でのちらしの配布，拠点の入り口やホームペ
ージへの掲示というような従来から実施されている方法に加え，近年では，
SNSも活用するなど周知方法を工夫している拠点もある。保護者にとって
訴求力のあるものとなっているのか，という点からも，周知内容を見直して
みるとよい。親子遊び実施後は，可能な形で実施報告をおこなうと，今回参
加できなかった人が次回参加する動機づけを高めるだろう。

② 子育てをおこなう上で役立つ体験の提供

　前述のねらいのほか，遊びを親子ともに楽しんでもらうことを通して，各
遊びの特徴を踏まえ，保護者にはどのようなことを体験してもらいたいのか
を保育者は明確にしておく必要がある。以下はねらいの例である。
　　保護者に拠点を理解してもらうこと
　　・保育者や拠点に好印象をもってもらう。
　　・気軽に利用でき，相談もできる場であると感じてもらう。
　　利用者間の交流を促進すること
　　・親同士の友達作りの機会としてもらう。
　　・子ども同士がかかわり合う体験を与えられたと感じてもらう。
　　保護者の子ども理解を深めること
　　・子どもはどのような遊びを楽しいと感じるのかを知ってもらう。
　　・家でもできる遊びのヒントを持ち帰ってもらう。
　　・子どもへのかかわり方のヒントを持ち帰ってもらう。
　　・子どもに必要な体験に気づいてもらう。
　　・子どもの行動を子どもの視点で見るとよいことに気づいてもらう。

③　その他のねらい
　　支援ニーズの把握を保育者がおこなうこと
　　・利用者のなかで，特に支援が必要な人を見いだす。
　なお，親子遊びにおけるより具体的なねらいについては，後述の演習事例
のなかで示す。

（3）親子遊びを計画する際の留意点

①　プログラムとそれ以外の時間のバランス

　利用者同士で共通のプログラム（ここでは親子遊び）を一緒におこなう活
動を，誰もが望んでいるわけではない。親子でとりあえず来ることのできる
場として，静かに利用することを願う人もいる。他の保護者とのコミュニケ
ーションを取ることに消極的な保護者もいる。月間計画を立てる際には，プ
ログラム尽くしのスケジュールにならないような工夫が必要である。

②　親子遊びの内容

　拠点ならではの遊び（自宅での再現は難しいが，親子で楽しめる遊び）と，
自宅でも繰り返し楽しめるような遊びの両方を，バランスよく企画できると
よいだろう。身体一つで遊ぶような，ものを介さない遊びは大変重要である
ものの，保護者自身の遊び体験が豊富でないと難しい。具体的に何をおこな
うのかが明確な遊び，たとえば何かを作るなどの方が近年の保護者には戸惑
いが少ないかもしれない。予約制なのかそうでないのかも，親子遊びの内容
に応じて決めておくとよいが，きょうだい（例：臨時休校時の小学生）など
予想外の同伴者がいることもあり，現実的には柔軟な対応が求められる。
　製作をおこなうような親子遊びの場合には，仕上がりの差がはっきりする
ものよりも，それぞれに味わいのあるものができあがり，親子で驚きや完成
の喜びを共有できるものを題材にするとよい。たとえば，マーブリングは，
誰もが完成を予想できないがゆえの驚きがあるとともに，誰がおこなっても
それなりに美しく仕上がる上，作業も容易である。

（4）親子遊び実施中の留意点

①　遊びを楽しみにくい親子への援助

　保護者ははりきって参加しているが，子どもは親子遊びの活動に乗ってこ
ないという場合も少なくない。無論，子どもが遊びの内容に興味を示さない
ことは当然起こりうることだが，子どもの様子を保護者がどのようにとらえ
ているのかによって，保育者の援助内容は異なってくる。親子遊びでは親子
のさまざまな反応があり，その反応を見ながら，保育者はその場で親子双方

に対して臨機応変に援助をおこなうことが重要である。何を親子遊びとして提供するのか，と同じくらい，いやそれ以上に，その活動のなかで自然発生的に起こる事象に対して，保育者がいかにオーダーメイドで対応していけるのかが，保護者に利用の手応えを感じてもらうために重要なのである。

　親子遊び実施時には，「こういうのに連れて行っても，他の子は楽しそうなのに，うちの子は全く興味を示さない。親子で楽しんでいる人たちが羨ましい。なぜうちの子は…」，と意気消沈する保護者に少なからず出会う。拠点をぜひ継続的に利用してもらいたい親子の一例だが，このような親子は，参加時の個別支援がないと，拠点からは足が遠のいてしまうだろう。保育者間で，拠点での支援における親子遊びの位置づけ，つまり，遊びを親子で楽しんでもらうこと自体が支援の大きな目的ではあるが，すべての利用者が楽しまなければならない類いのものではなく，親子遊びを通して，支援ニーズを見出し，継続利用や個別支援へとつなげることが目的でもある，という点を確認しておくことは重要だ。必要に応じ，子どもの個性に応じた遊びの代替プランを提示しながら，保護者に寄り添い，今ここでの体験を保護者とどのように共有していくのかが，支援において重要となる。具体的な援助については後述の事例を参考にしてもらいたい。

② 挿入される相談への対応

　親子遊び中には，ふとした瞬間に保護者からの相談が挿入される可能性がある。あるいは，保育者の保護者への声かけから相談へと展開する可能性もある。保育者から，「支援されるべき弱い人」ととらえられるのを不本意に思う保護者は少なくない。「子育て支援」という言葉でさえ，居心地の悪さを感じてしまう保護者もいるだろう。決して軽くはない子育て上の悩みであっても，少なくとも取っ掛かりとしては，何かのついでにさらりと話してみたいというニーズが保護者には少なからずあり，親子遊びの場もそのような機会となりうる。たった1度の活動参加のなかで，このニーズに保育者が十分に応えきることは難しいにしても，「今後何かと利用できそうな場所を見つけることができた」，「普段の生活ではなかなか得られない応答がここでは得られそうだ」，といった印象を保護者にもってもらうことは重要である。

> **演習問題**
>
> 　未就園児（1〜2歳児）を対象とした親子遊びとして，どのようなものが考えられるだろうか。3つ挙げてみよう。その際，実施時期，その親子遊びの選定理由，準備するもの，予想される保護者と子どもの反応も合わせて考えよう。

2．演習事例「どじょうつかみ」

　前述のとおり，親子遊びの内容としては，拠点ならではの遊びと自宅でも繰り返し楽しめる遊びがある。保育所保育指針では，1歳以上3歳未満児に対して，「身近な生き物に気付き，親しみを持つ」(厚生労働省，2018：151)という保育内容が挙げられており，子どもが生きものに直接触れ，命をもつものの存在を実感し，驚きや感動を味わい心動かされる体験を重視している。こうしたことから，保育所では，小動物にふれ合う体験などが日常の保育内容に取り入れられている。ここでは，在宅でのみ育つ子どもにも同種の体験を提供する機会として，拠点ならではの自然体験を提供する遊びの事例を取り上げる。登場する子どもの年齢は全て2歳前後である。親子遊びのねらいについては，後述のポイント1－1及び1－2を参照し，事例に登場する親子への支援に関する演習課題に取り組もう。

内　容：たらいに泳がせたどじょうを，手で捕まえたり網ですくったりする。
　　希望者は自分で捕まえたどじょうを持ち帰り，家庭で飼育する。

実施時期：6月

準　備：庭のたらいに水を張り，どじょうを泳がせる(参加人数の予想に見合う数のたらいとどじょうを用意)。手で捕まえるのを躊躇する子ども用に網を準備しておくほか，捕まえたどじょうを入れるミニ桶，持ち帰り用のビニール袋も用意する。代替となる遊びも準備しておく。

親子の様子：10組の親子が参加した。それぞれが思い思いのたらいの場所に行くが，混雑しているところは，一つのたらいに対して2組程度の親子となるよう保育者のほうで配置を整理しながら実施した。

　　Aちゃんは「待ちきれない！」と言わんばかりにたらいに手を突っ込み，バシャバシャと水しぶきを上げながらどじょうを捕まえようとしている。ぬるぬるしているどじょうに触れ，「わあ！」と声をあげて手を引っ込め，お母さんの顔を見ては，またたらいに手をつっこみ，真剣なまなざしでどじょうを捕まえようとしている。Aちゃんのお母さんは横に笑顔で佇み，「あ，惜しい！逃げちゃったねえ。優しくね～」などと声をかけながら，時折自分もたらいに手を入れるなどして楽しんでいる。

　　Aちゃんと同じたらいを囲んでいたBちゃんは，手をなかなかたらいに入れようとせず，たらいをじっと見つめている。Bちゃんのお母さんは，その様子を焦れったく感じたのか，「どうしてやらないの!?」とBちゃんの手を少々荒っぽくつかみ，たらいの中にドボンと入れた。その途端，Bちゃんは泣き出し

てしまった。同じたらいを囲んで，笑顔でこの遊びを楽しむAちゃん親子と，泣きじゃくるBちゃんにうんざりしているように見えるBちゃんのお母さんという明暗が生まれていた。

　別のたらいにいたC君は，たらいを時折見つめてはいるものの，たらいに手を入れることはほとんどなく，ぼんやりとした表情で指しゃぶりをしていた。C君のお母さんは，少し離れてC君の後方に立っており，無表情でスマートフォンをいじっていた。

ポイント

1－1．〈親子遊びのねらいその①〉

　ねらいの1点目は，現在の子どもの生活に欠けがちな自然体験の必要性への気づきを保護者に促すことである。日常生活のなかで，自然に触れる体験や，五感，身体を使った遊び体験が減少している点が指摘されて久しい。在宅でのみ育つ子どもにとっては，大人が快適に暮らせるような工夫が加速する世の中において，「普通に遊ぶ」ということが，保育所在園児より難しい面があるかもしれない。大人が意識的に実体験を伴う遊びを与えるよう工夫しなければ，バーチャルな遊びにはまり込んでしまうなど，遊び体験が乏しくなりうる点について，改めて保護者に気づいてもらい，拠点を活用しながら遊びのヒントを得てもらうことをねらいとする。そのために，この親子遊びでは，自然（ここでは生き物）に触れることにより湧き起こる驚きや喜びを親子で味わう，すなわちセンス・オブ・ワンダー（カーソン，1996）を親子で共有する機会を提供するものである。

1－2．〈親子遊びのねらいその②〉

　ねらいの2点目は子どもの持ち味の理解である。乳幼児期にどじょうをつかんだことのある子どもは，特に都市部においては少ないのではないだろうか。この親子遊びでは，新奇なものへ近づく際の子どものさまざまな様子と，それらに対する保護者それぞれの反応が予想される。新奇なものへの近づき方には，これまでの生活体験や気質をベースにした子どもそれぞれの持ち味がある。その持ち味を活かしたかかわりを大人がおこなうと，子どもは安心して新しいことにチャレンジしやすくなる点を保護者に理解してもらうこともねらいとする。

1－3．〈案内上の注意や準備しておくこと〉

　希望者がどじょうを持ち帰れるようにする場合には，飼育方法などをまとめた情報を配布できるよう準備しておくとよい。濡れてもよい服装で来所してほしいことや，着替えを持参することを事前に伝えておく。どじょうつかみを楽しみにくい親子がいることを想定し，遊びの代替プランを考えておく。

演習課題

> 2－1．どじょうつかみを楽しみにくい親子に対しては，どのような遊びの
>   代替プランを用意しておくとよいだろうか。その遊びの選定理由と援助の
>   展開について考えてみよう。
>
> 2－2．Bちゃん親子への援助を考えてみよう。その援助をおこなう理由も
>   合わせて考えること。
>
> 2－3．C君親子への援助を考えてみよう。その援助をおこなう理由も合わ
>   せて考えること。

演習方法

> ① 自分の考えを記入してみよう。言葉を用いた援助をおこなう場合には，
>   具体的にどのような言葉を発するのかも考えてみよう。
>
> ② グループ内で意見交換をおこない，グループの意見を記録しておこう。
>   記録後，グループの意見をクラスで発表しよう。
>
> ③ ほかのグループの発表を聞いて気づいたことを書き留めておこう。

解　説

　以下は演習課題の解説である。保育者のおこなった主な援助については，
柏女らの「保育指導技術の類型と定義」（柏女・橋本，2016：188）において，
いずれの支援技術に相当するのかを太字で示している（98頁，表9-2参照）。

3－1.

　同じように五感と身体を使い，素材として水を用いる遊びであり，子ども
にとってより興味をもちやすいと考えられる草花を用いた色水遊びなどを準
備しておくとよいだろう。これら代替の遊びにも興味を示さない場合には，
無理強いする必要はもちろんない。保護者が子どもの様子をどのようにとら
えているのか，つまり，子どもの立場に立って，子どもの行動を受け止めて
いるのであれば，保育者は見守ることで問題ないが（**観察，状態の読み取
り**），そのようには見受けられない場合には，さりげなく近づいて声をかけ，
その反応から，話をさらに聴くのがよいか，今はそっとしておいてほしいと
保護者は感じているのかを判断するとよい。降所の際には，次回来所しやす
いような声かけを忘れずにおこないたい。

3－2.

　Bちゃんの思いと保護者の思いがずれているようである（**観察，状態の読**

み取り）。保護者の思いと子どもの思いがずれている場合，保育者による関係調整の援助があるとよい。子どもの気持ちを保護者に伝えたり（**気持ちの代弁**），目の前の子どもの様子から，Bちゃんの新奇なものへの接近方法といった個性に関して，保育者がとらえた点を伝えたり（**伝達**）する援助が考えられる。さらに，子どもの戸惑いに対してどのように保育者は援助するのかをさりげなく実際におこなって見せたり（**行動見本の提示**），まずは保護者がたらいに手を入れることや網の使用を提案したりしながら（**方法の提案**），保護者の反応をモニターし，新奇なものに接近する時のBちゃんの個性を踏まえたかかわり方のアイデアを一緒に考えていけるとよいだろう。Bちゃんの緊張や新奇なものへの近づき方の個性を保護者が受け止められると，今後同様のことが起こった時に，保護者は，子どもの気持ちが整うのを支えながら待ちやすくなる。

　保護者というものは，他の子どもが楽しんでいることは我が子も同様に楽しんでほしいと願っていることが多く，子どもに良かれと思い，子どもが楽しむことを期待して，親子遊びに参加する場合が少なくない。その期待とは異なる姿を子どもが見せた場合に感じる保護者の戸惑いや落胆を**傾聴**し，**受容**する必要があるかもしれない。このような援助を通して，降所時には，「子どもも楽しかったし，私にとっても有意義だった，気持ちが楽になった」と保護者が思えると，また拠点を利用してみようという動機づけが高まる。

3―3.

　親子で同じ場所にいながら，子どもは保護者を頼りにすることができておらず，双方とも表情に生気がない点が気になる親子である。C君には保育者が寄り添い，C君がどじょうつかみに興味を示してくるようであれば一緒におこない，今ひとつ興味がもてないようであれば，別の遊びに誘うなどして援助するとよいだろう（**子どもへの直接的援助**）。

　保護者に対しては，可能であれば別の保育者が対応できるとよい。子どもを連れて拠点に来てくれた点をまずは労いたい（**支持**）。どじょうのことなどを話題にしながら，日々の子育ての様子を少しずつ聴けるとよい。話の深め方は保護者の反応によるが，援助資源の有無については確認しておくとよいだろう（**情報収集**）。その情報などをもとに，次回の来所につながるような言葉をかけたい。

　保育者としては，親のメンタルヘルスの状態も気にかけながら，必要な援助資源，たとえば，保育所の一時預かりや家事支援サービスを紹介する準備，及び地域の専門機関へつなぐ可能性を想定しておきたい。

3．演習事例「芋餅作り」

　次の事例では，自宅でも子どもと一緒に楽しめるような親子遊びについて
考えてみよう。季節行事に関連する製作（七夕，クリスマス，ひなまつりな
ど）は，他で学ぶ機会が多くあると思われることから，ここでは製作以外の
ものを取り上げる。事例に出てくる子どもの年齢は2歳前後である。親子遊
びのねらいについては，後述のポイント1－1及び1－2を参照し，事例に
登場する親子への支援に関する演習課題に取り組もう。

内　容：蒸かしたさつま芋を麺棒で潰し，片栗粉を混ぜてこね上げた後，小さ
　　　　くちぎって丸め，平たい円状などに成型する。ホットプレートで焼き，調理
　　　　後はおやつとして一緒に食べる。

実施時期：11月

準　備：さつま芋を蒸かしておき，片栗粉，すり鉢と麺棒，作業机，型抜き，
　　　　エプロンなどを用意しておく。

親子の様子（芋餅作り場面）：15組の親子が参加した。全行程やりたがる子ど
　　　　も，少しやってはその場を離れる子ども，全くやりたがらない子どもなどさ
　　　　まざまであり，保護者の様子も多様であった。

　　　　D君は，芋を潰すところで飽きてしまったのかぐずっていると，お母さんが
　　　芋の生地をアンパンマンの形に成型しはじめた。D君は目を輝かせ，もっとも
　　　っととせがみ，自分でも作ろうとしだしていた。

　　　　E君のお母さんはD君のお母さんの様子を見て，「あ，そういうのでもいい
　　　んだ！」と触発され，E君に「何作ろうか」と尋ねながら，手の平で生地をコ
　　　ロコロと丸めている。E君は，生地を触ることになかなか気が進まない様子で
　　　ある。この様子を見ていた保育者は，「よければ使ってみてください」と，型
　　　抜きをお母さんに手渡した。

　　　　Fちゃんのお母さんは，今日，芋餅作りだと知らずにたまたま来所してしま
　　　った様子で，親子とも浮かぬ顔をしている。

　　　　G君は芋餅作りに全く関心を示さず，芋餅作りの間はずっと室内を走り回っ
　　　ている他，他児を強く押すなどのトラブルも発生していた模様。結果，お母さ
　　　んはG君を追いかける事に追われ，疲れ切ったような表情を見せている。保育
　　　者が声をかけると，「外へ連れて行くとトラブルがよく起きるので，あまり出
　　　かけないようにしていたのだけれども，Gはさつま芋は好きだから今日は来て
　　　みたのに…」と語る。

親子の様子（食事場面）：成型されたものを保育者がホットプレートで焼き，

できたものを皆で食べた。保育者も親子に混じって食べるなか，保護者からは
さまざまな話が出た。

　Hちゃんのお母さんからは，「遊び食べ，むら食い，偏食がすごい。どのく
らいの量をあげればよいのかわからない」などと食事にまつわる悩みが次々と
語られた。側にいるお母さんたちのなかには「うちもそうだ」との声を上げる
人もいた。

　保育者は，G君のお母さんのことがとりわけ気になったので，他親子から少
し離れたスペースにいたG君のお母さんのもとへ，出来上がった芋餅を持参し
差し出した。

ポイント

1－1．〈親子遊びのねらいその①〉
　親子で安全に料理を楽しむことで，このようなことも親子で一緒にできる
のだという遊びのヒントを持ち帰ってもらう。芋餅の作り方や，その他の芋
関連レシピ，さつまいもや芋掘りに関連する絵本や手遊びなども紹介し，家
庭での遊びの参考にしてもらう。

1－2．〈親子遊びのねらいその②〉
　乳幼児を持つ親の悩みで多いものに，食事に関することがある。活動をき
っかけに，食事に関する相談が出てきやすくなることが想定される。食事を
はじめ，子どもの生活にかかわることについて具体的に相談できる場として
も，拠点は活用しうることを保護者に知ってもらう。なお，芋餅が口にあわ
ず，食べられなかった子どもへの代替おやつも準備しておけるとよい。

1－3．〈親子遊びを楽しめなかった親子への支援〉
　親子それぞれが，さまざまな思いをもって拠点を利用している。拠点が提
案する遊びを楽しめていない様子の親子に対しては，少しでも親子遊びを楽
しめるように保育者は支援をおこなう一方で，敢えてそれ（拠点が提案する
親子遊び）をしない自由もしっかりと保障していくことが重要である。

演習課題

2－1．Fちゃん親子への援助を考えてみよう。その援助をおこなう理由も
　　　合わせて考えること。

2－2．G君親子への援助を考えてみよう。その援助をおこなう理由も合わ
　　　せて考えること。

2－3．Hちゃんの保護者への援助を考えてみよう。

演習方法

① 自分の考えを記入してみよう。言葉を用いた援助をおこなう場合には，
　具体的にどのような言葉を発するのかも考えてみよう。
② グループ内で意見交換をおこない，グループの意見を記録しておこう。
　記録後，グループの意見をクラスで発表しよう。
③ ほかのグループの発表を聞いて気づいたことを書き留めておこう。

解　説

　以下は演習課題の解説である。保育者のおこなった主な援助については，
柏女らの「保育指導技術の類型と定義」（柏女・橋本，2016：188）において，
いずれの支援技術に相当するのかを太字で示している（98頁，表9-2参照）。

3－1.

　進行中の親子遊びに必ず取り組まなくてはならない，というわけでは全く
ない。Ｆちゃんの保護者には，芋餅作りの概要について説明し，よければ参
加してもらえるとよいし，気が進まなければ，おもちゃや絵本もあるので，
せっかくいらしたのだからここで過ごしてみることを提案するとよい。一斉
に何かをしなくてはならない場ではなく，本来は思い思いに過ごしてもらえ
れば十分であり，何かあれば保育者にいつでも声をかけてほしいと伝えると
よいだろう（**情報提供**）。このようなことを伝えるやりとりのなかで，Ｆち
ゃんの保護者が拠点に何を求めているのかをつかめるとよい（**情報収集**）。
どのような親子をも包み込む保育者の温かさや，拠点全体が醸し出すゆった
りとした雰囲気が伝わるよう心がけたい。

3－2.

　保育者による適切な援助がなければ，利用が途切れる可能性が高いケース
の一例である。まずおこなう援助として，保護者が日々懸命にＧ君につきあ
っていることを労いながら（**支持**），Ｇ君の保護者の思いに**共感**し，保育者
から見たＧ君の良い点と，子育て上エネルギーを要すると思われる点を伝え
る（**伝達**）とよいだろう。拠点は，プログラムがある日ばかりではないので，
月間予定表を参考にしつつ（**情報提供**），いつでも気軽に遊びに来てほしい
ことも伝えられるとよい。保育者としては，Ｇ君が発達面での難しさを抱え
ている可能性を頭の隅に置いておくが，保護者のこの点に関する認識が確認
できていない段階で，いきなり発達に関する言及は避けるべきだ。まずは継
続して来所してもらうことを目標とするべきである。保護者の育児努力に敬

意を表しながら，子どもへの具体的なかかわりを共に考えることより（**方法の提案**），保護者との間に信頼関係を構築していくことを目指す。その過程で，保護者，保育者の双方でG君に関する理解を深めていく。G君の発達面や情緒面に関して保護者から相談を受けたならば，あるいは，保育者の方で必要だと判断した場合には，タイミングを見て適切な機関を**紹介**するとよいだろう。

3−3.

保育者がファシリテーターになり，他の保護者にも食事に関するエピソード，悩みや工夫などについて話してもらい，保護者間で共有する。乳幼児が食事というものをどのように体験しており，保育所では，食事に関することについて，どのように工夫しているのかを保育者からも伝えられるとよい（**対応の提示**）。

引用・参考文献

厚生労働省（2017）「地域子育て支援拠点事業の実施について」
　　　https://www.mhlw.go.jp/file/06-Seisakujouhou-11900000-Koyoukintoujidou
　　　kateikyoku/0000103063.pdf　（2021年3月10日取得）
柏女霊峰・橋本真紀編著（2016）『保育相談支援　第2版』ミネルヴァ書房。
レイチェル・カーソン著，上遠恵子訳（1996）『センス・オブ・ワンダー』新潮社。
加藤邦子・飯長喜一郎編著（2006）『子育て世代応援します！──保育と幼児教育
　　　の場で取り組む"親の支援"プログラム』ぎょうせい。
厚生労働省編（2018）『保育所保育指針解説』フレーベル館。

（武田（六角）洋子）

第14章　さまざまな児童福祉施設でおこなわれる子育て支援

　児童福祉施設を利用する親の多くは，養育力の未熟さ，夫婦の不和，貧困や就労をめぐる問題，身体的・精神的疾患，社会的孤立など多くの要素が複雑に絡み合った生活課題を抱えながら生活してきたし，現在もそうである。自身が複雑な家庭環境で育ってきたという親も少なくない。本章では，このような親のもつ背景も念頭に置きながら，母子生活支援施設，乳児院，児童養護施設における子育て支援について演習事例を通して考える。なお，各演習事例における演習課題の進め方（演習方法）は，以下を参考にしてほしい。また，本章で取り上げる事例はすべて，さまざまな実例を組み合わせて筆者が創作したものである。

演習方法

① 自分の考えを記入してみよう。

② グループで意見交換して，グループの意見を記入してみよう。記入後に他のグループと発表し合おう。

③ 他のグループの発表を聞いて気づいたことを記入してみよう。

1．母子生活支援施設における子育て支援

●演習事例 ①

　子どもと母親がいっしょに入所する母子生活支援施設では，日常生活のあらゆる場面を活用して支援をおこなうことができる。しかし，母子は一世帯ごとに一つの居室で暮らしており，居室は母子のプライベートな空間である。したがって，職員が無断で入室することは基本的にせず，玄関先や事務所（の窓口），保育室といった公共のスペースで支援をおこなう。次の事例は母子が居室に帰る前の玄関先での一コマである。

　アヤさん（30歳）が，仕事から施設に帰ってきた。何かあったのか，非常に疲れた様子をしており，どこか不機嫌である。玄関先まで来た時，娘のレイカちゃん（5歳）が走ってきて，「お母さん，見て！　ねえ，お母さん！　ねえ！」とアヤさんにまとわりつく。レイカちゃんは，今日保育園で，描いた絵

を先生から褒めてもらい，その絵をお母さんにも見せたくて，ずっと帰りを待っていたのである。しかし，アヤさんは無言でうるさそうな表情を見せただけだった。レイカちゃんはそんなことにはお構い無しに，「あのね，お母さん，レイカね，」と話を続けようとする。その様子を見ていた職員は，二人に近づき，穏やかに声をかけた。

ポイント

1―①―1. 〈状況の把握と予測〉
　母子生活支援施設のような生活施設では，事例のような何気ない日常の情景を目にすることが多い。その場で見守るべきか，何らかの介入が必要か判断するためには，今，目の前で何が起こっているのかを素早く把握し，この後状況はどう変化していくかを，想像力を働かせて予測しなければならない。

1―①―2. 〈子どもの気持ちの受容・言語化と親への代弁〉
　親子のやりとりに介入する際，両者の立場に立って考える必要がある。まず子どもの気持ちを考えてみよう。子どもは今，何を伝えようとしているのか。親が汲み取って言葉にすることで，子どもは理解された喜びと安心を感じる。しかし，親に子どもの気持ちを汲み取る余裕が無い場合は，職員が代わって子どもの気持ちを受容し，それを言葉にして，そばにいる親に子どもの気持ちを代弁する。

1―①―3. 〈親の状況の理解といたわり〉
　親の状況も考えてみよう。親の心や体の状態はどうであろうか。明らかに疲れている，何かあったようだ，と感じても，内容によっては容易に踏み込めない時もある。そこで職員としては，同じ働く者としての共感といたわりの気持ちを込めて，ねぎらいの言葉を伝えることから始める。その際，顔色など母親の様子を素早く観察し，必要ならばさりげなく気遣いの言葉を添える。

演習課題

1―①―1. この事例の職員は，母子が居室に入る前に介入することにした。それは次のように考えたからである。「母親は，疲れていて不機嫌であり，娘を受けとめる余裕がない。しかも，居室に入ると，休む間もなく夕飯の支度が待っているかもしれない。このままの調子で娘が母親に話し続けると……」
　このままの調子で娘が母親に話し続けるとどのようなことが起こると想像できるだろうか。考えてみよう。

１―①― 2．事例の職員は，ずっと母親のアヤさんを待っていたレイカちゃんの気持ちを言語化して受けとめることから介入を始めた。

　　あなたが事例の職員なら，どのような言葉でレイカちゃんの気持ちを受けとめるだろうか？　その言葉がアヤさんにも聞こえて，レイカちゃんの気持ちがアヤさんにも伝わることを意識しながら，具体的な言葉を考えてみよう。

１―①― 3．事例の職員は，アヤさんにも，ねぎらいの言葉や，気遣いの言葉を伝え，様子を見た。

　　アヤさんに対するねぎらいの言葉や，気遣いの言葉として，例えばどのような言葉が相応しいだろうか。考えてみよう。

解　説

　母親に何があったのか，詳しい事情がわからなくても，働きながら子育てをする大変さは想像できるだろう。また，仕事や子育ての大変さがわからなくても，心身共に疲れて時間的余裕もないなか，穏やかな気持ちで他者の話を聴くことが容易ではないことは理解できるのではないだろうか。思わずきつい言葉や冷たい態度を取ってしまうこともあるだろうし，後で冷静になった時，酷く後悔してしまうこともあるだろう。

　子どもは子どもで，母親に聞いてほしい，見てほしい，ほめてほしい，といった願望と期待をもって，母親の帰りを待っていた。思ったように反応してくれない母親に，より一層注意を引こうと働きかけるか，ふてくされたり泣き出して，母親の苛立ちをさらに煽ってしまうかもしれない。あるいは，話すことをあきらめ，悲しい満たされない気持ちを抱えながら寝るまでの時間を過ごすことになるかもしれない。

　居室に入ってしまうと職員の介入は難しくなるため，母子それぞれが負の感情を居室に持ち込まないで済むように，入室前に介入することが望ましい。しかし，すぐに相談にのろうと身構える必要はない。仕事のことなど気軽に話せないこともあるし，大げさにとらえられると困ることもある。母親の様子に過敏に反応し過ぎると，職員の前では負の感情を露わにしてはいけない，と無理に元気なふりをするようになるかもしれない。

　母子生活支援施設は，子どもだけでなく，親にとっても安心できる場でなければならない。気兼ねなく自然に喜怒哀楽が表現できること，そして自分たちのことを気にかけてくれる人がいるという事実が母親を癒し，子どもに向ける眼差しが和らぐこともある。時間に余裕があるならお茶を勧めてもよい。一杯のお茶で気持ちがほぐれることもある。母子のやりとりにワンクッション置くことで，その後の母子のかかわりが穏やかなものになる。日常に

おけるちょっとしたかかわりが，母子双方にとって救いになるのである。

●演習事例 ②

　母子生活支援施設の役割は，母子が自立生活を送れるようになるための，生活基盤を築くことである。次の事例は，自立に向けての複数の課題を抱えた母子の事例である。

　リカさん（39歳）は，家事や育児，金銭管理が苦手で，朝も起きられない。施設入所前は，深夜までの仕事をしていたため昼夜逆転の生活であった。現在は昼からのパートに行っているが，そのわずかなお金を無駄遣いしてしまうので，ほとんど貯金がない。軽度の知的障がいの疑いがあるが，診断は受けていない。

　入所当初はきれいだった居室も，今では埃だらけゴミだらけで臭いが充満し，職員が定期的にゴキブリやハエの駆除をしなければならない。娘のモエちゃん（小5）とミユちゃん（小3）は学校に遅刻することが多く，忘れ物も多い。汚れてボタンの取れた服をそのまま着ていくこともある。リカさんは，子どもたちの登校後，だいぶん経ってから起きてくる。

ポイント

1―②―1．〈最初からすべてを求めず，主体的な行動を待つ〉
　心身の状態が思わしくなく，すぐには動けない母親もいる。最初は母親に代わって職員が子どもの世話をしなければならないこともある。最初からすべてを求めず，できていること・努力していることを承認しながら，自ら動き出すことを待つことも大事である。

1―②―2．〈具体的な支援内容を考える際の留意点〉
○母親を一人の大人として尊重する
　事例のような課題を抱える母子の場合，必要に応じて，母親の許可を得た上で，居室内に入っての支援もおこなう。ただし，母親を一人の大人として尊重し，管理・指導にならないようにしなければならない。
○母親の支援だけではなく，子どもへの支援も考える
　子どもに働きかけることで間接的に母親を支援する方法もある。子どもによっては，自分の身の回りのことや，ちょっとした家事もできる。母親がすぐに行動に移せない場合は，子どもに働きかけ，子どもだけでできることを増やす。子どもの自立にもつながる上，母親の負担は軽減される。ただし，

あくまでも子どもの負担にならない範囲でおこなわなければならない。

○具体的でわかりやすい支援にする

　母子双方に向けての支援をする際は，子どもにもわかりやすい支援が必要である。また，母子が障がいを抱えていたり，海外からの移住者で日本語や日本の生活習慣に不慣れなこともある。さらに，子ども時代に世話をしてもらった経験が無い母親もいる。そのため，絵や写真等を活用する，１つの作業をいくつかに分解して示す，行動見本を示すなど具体的でわかりやすい支援が求められる。

演習課題

１—②—１．母子生活支援施設では，母子で入所しているにもかかわらず，時には，職員が母親に代わって育児や家事をおこなうことが重要な意味を持つことがある。何故だろうか。考えてみよう。

１—②—２．この事例の母子の課題を明確にした上で，それらの課題について具体的な支援方法を考えてみよう。

解　説

１—②—１．母親の状態に配慮した支援の必要性

　母子生活支援施設に入所している母親の多くは働いているが非正規が多く，各種手当や生活保護を受けている世帯も少なくない。

　また，厚生労働省（2018）「児童養護施設入所児童等調査結果（平成30年2月1日現在）」によると，入所者が母子世帯になった理由の56.9％は「離婚」である。入所理由は「配偶者からの暴力」が50.7％でもっとも多い。離婚や配偶者からの暴力を経験した母親たちは心身共に消耗しており，施設入所後，すぐには家事や育児，仕事等に動き出せないこともある。長く専業主婦生活を続けていた場合は，新しい生活を始めるに当たって，自信がない，不安が大きい，生活リズムの変化に慣れないといったことからも心身の調子を崩すこともある。

　須藤八千代は，ある母子生活支援施設の職員へのインタビューを通して，"眠りに入る母親たち"について述べている（須藤，2007：31-40）。"眠りに入る母親たち"とは，施設が安心できる場所だと感じられると，夕方近くまで寝ているといった日常を続ける母親たちのことである。子どもの登園・登校の準備，朝食の支度など，職員任せになる。そのような状態が，長い時には１〜２年続くが，ある時自然に，自分から保育園のお迎えだけは行くとか，送りにも行ってみよう，といった言動が出てくる。"眠りに入る"期間は，

母親の回復のために必要不可欠な期間であるといえよう。そして，その“眠りに入る”期間，母親に代わって職員がおこなう育児や家事の行動が，母親にとっての行動見本となっている場合があることを忘れてはならない。

1—②—2．母子の課題と具体的支援

　この事例の母子の課題を大まかに整理すると，金銭管理，衛生管理，生活リズムの見直しの3点になる。

　具体的でわかりやすい支援内容を考える際には「目に見える形にする」ということを意識するとよいかもしれない。たとえば衛生管理では，掃除の手順などを，絵や写真等を活用して視覚的に理解しやすくし，見やすい位置に掲示するといったことが考えられる。このような「目に見える形にする」支援方法の利点は，子どもたち自身が何をどうするのか理解し自ら行動できる範囲が増えることである。母親も子どもたちに声をかけやすくなるという面もある。さらに，できたことが目に見えて確認できるよう工夫すれば，やる気にもつながる。

　ただし，不慣れなこと・苦手なことは手順を示しただけではわかりづらい場合もあるので，そのような場合は職員が母子と一緒に取り組むことも必要となる。一緒に取り組むことは，行動見本の提示となることはもちろん，母子が，それぞれ何が得意で何が不得意なのかをより詳細に把握する機会ともなる。

　支援方法としてさまざまなアイディアが出てくると思うが，大切なのは，母子がそれを受け入れるかどうか，という点である。強制するのではなく，母子の意見も取り入れながら，母子が無理なく取り組める方法で，取り組みやすいところから始める，といった姿勢が重要となる。

2．乳児院における子育て支援

●演習事例

　乳児院で暮らす子どもたちの多くには親が存在し，状況によって親の面会や通信を制限しなければならない場合もあるが，何らかの形で家族と交流をしている子どもも少なくない。厚生労働省（2018）によると，乳児院において，入所時点で両親又は父母のどちらかがいる子どもの割合は，約98％である。また施設入所中，約73％の子どもたちが家族との何らかの交流がある。交流方法としては，電話や手紙，施設での面会，施設行事への参加，親子で

の外出，帰省などがある。親子で宿泊できる専用の部屋を設けている施設もある。

　乳児院では，交流の方法として面会の割合が高く，面会の頻度も月１回以上が多い。また，乳児院における面会は，面会室や相談室などではなく，子どもが普段過ごしている生活場面で実施されることが多い。親・子ども・職員が生活場面をともに過ごすことによって，さまざまな支援が可能となる。以下の事例は，生活場面における親子の面会の様子である。

　フウカちゃんは生後７か月で乳児院に来た。母親のマナミさん（20歳）は，初めての子育てが上手くいかず，イライラしてフウカちゃんに暴力を振るいそうになる，と児童相談所に自ら電話した。父親のダイチさん（25歳）は長距離トラックの運転手で留守がちである。父母共に，親からの虐待を経験しており，現在それぞれの実家とは連絡を取っていない。マナミさんは，フウカちゃんと離れてみると，愛おしいと思う気持ちが強くなり，毎日のように乳児院に面会に来た。以下は面会時の母子の様子である。

　離乳食を食べさせる時，マナミさんは，声かけはよくしているが，フウカちゃんの口にまだ食べ物が残っている状態で次の食べ物を口に入れようとすることがある。フウカちゃんが横を向くと，「どうして食べんの？」「ママが嫌いなん？」と苛立ってくる様子が見られた。

　部屋で遊んでいる時，マナミさんはいきなりフウカちゃんを横抱きにしてゆらゆら揺らし始めた。フウカちゃんは身体をのけぞらせ，マナミさんの腕から逃れようとする。「あれ？　寝えへんの？　そろそろお昼寝ちゃうの？」と，今度はフウカちゃんの背中をトントンし始めた。フウカちゃんは泣き出しマナミさんはため息をついた。マナミさんは，フウカちゃんがまだ遊びたい様子をしていることに気づいていないようだった。

　「何をやっても上手くいきませんね。私，母親失格や。やっぱり，親にちゃんと育てられてへんから，ちゃんとした親になられへんのかな…。」と，マナミさんは職員に向かってつぶやいた。

ポイント

　2－1．〈生活場面における観察と課題の把握〉
　さまざまな生活場面を親子と共に過ごし，親子の様子を観察することで，子育てにおける具体的な課題を把握する。
　2－2．〈生活場面を活用した支援①　解説と代弁〉
　親とともに子どもの姿を観察し，子どもの発達に関する専門的知識を基に，

その場で子どもの行動の意味や発達状況，今後の育ちの見通しについて解説する。また，子どもの反応や表情など非言語の表現から，その気持ちや欲求を察し，代弁して親に伝える。

2－3.〈生活場面を活用した支援②　行動見本の提示と体験の提供〉

　生活場面においては，育児のさまざまなスキルを，言葉だけでなく，実際に職員がやってみせること（行動見本の提示）が可能である。また，それを手本に親もその場でやってみること（体験の提供）ができる。

2－4.〈ストレングスの把握と承認・支持〉

　課題の把握と共に大切なのが，ストレングス（強み，長所などのプラス面）の把握である。特に自己評価が低い親に対しては，その親のストレングスを折に触れて指摘し承認・支持していくことが，親の自信の回復や子育てへの意欲に結びついていく。

演習課題

2－1.　マナミさんの子育てにおける課題は何か，考えてみよう。
2－2.　事例の離乳食の場面における，フウカちゃんの行動の解説，気持ちの代弁はどのようなものになるだろうか。具体的に考えてみよう。
2－3.　事例の離乳食の場面において，行動見本の提示や体験の提供をおこなう場合，どのようにすれば良いだろうか。具体的に考えてみよう。
2－4.　マナミさんのストレングスは何か，考えてみよう。

解　説

2－1.　マナミさんの子育てにおける課題

　生活場面の観察から把握できるマナミさんの子育てにおける課題は，以下の2点である。

① フウカちゃんの様子を観てペースを合わせたりフウカちゃんの気持ちを察して応答すること。
② 自身に対する否定的な自己評価を変えること。（フウカちゃんが見せる反応は，決して自分に対する否定的な気持ちを表したものではないことを知ること。）

2－2.　離乳食の場面における行動の解説と気持ちの代弁

　フウカちゃんは生後7か月で入所したため，離乳の中期段階であると考えられる。子どもは，初期段階では食べ物を嚥下する「ごっくん」を覚え，中期段階では食べ物を舌で押しつぶすようにして「もぐもぐ」する。そして，次の歯茎を使ってつぶす「かみかみ」へと，咀嚼機能が発達していく。こ

のような解説とともに，マナミさんがフウカちゃんの状態に気づけるように，「まだ飲み込めていないようですね。もう少し待ちましょうか？」とマナミさんに声をかけてもよいし，フウカちゃんに向かって「まだお口の中に残ってるのかな？」と声かけをするとよい。

2－3．離乳食の場面における行動見本の提示と体験の提供

　この時期は一人座りが十分できないので，無理なく座位が固定できる椅子を用いるか，抱っこをする。離乳食を与える時は，平らなスプーンでその子にとっての適量をすくい，スプーンの底を下唇に当てる。舌の先に食べ物を乗せるようにしないと咀嚼ができず，丸呑みになってしまうので，口の奥まで入れない。その子が自分から上唇を下ろして取り込むのを待ち，取り込んだらスプーンを抜く。この時，上顎にすりあげるような抜き方をすると，上唇が下りてこず口を閉じることができないため飲み込めない。スプーンはまっすぐ手前に抜くようにする。

　こういった解説も適宜入れながら，実際にやってみせたり，マナミさんにもその場でやってもらうと良い。また，マナミさんに意識してもらうために，マナミさんと一緒に，フウカちゃんの「もぐもぐ」と「ごっくん」を確認する，といったことを加えてもよいかもしれない。

　なお，子どもが離乳食を食べない理由はさまざまである。初めての食材やスプーンに対して警戒し，嫌がることもある。スプーンを嫌がる時は，手づかみから始めてみるのも1つの方法である。子どもは，好奇心から手を伸ばしてつかんだものを口に持っていく。食材を舐めたりかじったりして確かめ，安心感を持てるようになると食べる。

　また，食べる量も少なく完食しないことも多い。WHOは離乳食をComplementary Feedingと表現する。子どもが一日に必要とする栄養量は成長が進むにつれて増え，授乳だけでは十分摂取できなくなってくる。そのための補完食という意味である。中期段階ではまだ，必要な栄養量の半分以上を授乳で摂取している。

　一番大切なことは，無理強いするのではなく，「子どものペースに合わせ，食事が楽しい時間になること」である。このことを念頭に置きながら，各親子の状況に合わせた支援を考える必要がある。

2－4．親の自己肯定感を高める

　マナミさんのように自己評価が低い親は，自分のできていない部分に目がいきがちである。また，何でもマイナス思考でとらえてしまい，ちょっとしたことで傷つき，さらに自信を失ってしまう，という悪循環に陥ることが多

い。

　この悪循環を断ち切り親の自己肯定感を高める方法としては，親が子ども
の言動の本当の意味に気づけるようにするための職員による子どもの行動の
解説や気持ちの代弁，親が子育てのコツを摑み成功体験を重ねるための行動
見本の提示や体験の提供が挙げられる。加えて，少しのことであっても，で
きていること，頑張っていること，すなわちストレングスを指摘して認め，
それを折に触れて言葉にしていくこと（承認・支持）が大切である。マナミ
さんのストレングスについては，たとえば以下のようなことが挙げられる。

> ① 最悪の事態を回避するために，児童相談所に自ら電話をし，助けを求めた，
>   その判断力や行動力，勇気。
> ② フウカちゃんを愛おしいと思う気持ちが強いこと。
> ③ 毎日のように乳児院に面会に来ている熱心さ。
> ④ 離乳食を食べさせる時，声かけをよくしていること。
> ⑤ 子どもを寝かしつける方法として，ゆらゆら揺らすことや，背中をトントン
>   することなどを知っているということ。

　このほか，「私，母親失格や」「ちゃんとした親になられへんのかな…」と
いった言葉は，ちゃんとした親になりたい，ならなければいけない，という
思いがあるからこそ出てくる言葉であるとも考えられる。そう考えると，上
記の①〜⑤は，マナミさんなりに一生懸命努力している姿，ととらえること
もできるだろう。このように，マナミさんのストレングスは，探せばもっと
見つかるかもしれない。

　乳児院に子どもを預けている親のなかには，マナミさんのように毎日面会
に来ることができない親もいる。日々の生活に追われるなかで子どものいな
い生活に慣れてしまい，子どもに気持ちが向かなくなってしまうこともある。

　また，生まれてすぐ乳児院に入所した場合や親から虐待を受けていた場合，
子どもにとって親は安心できる存在ではない。一方，乳児院は特定の職員と
子どもとの関係を大切にする個別担当制であることが多く，子どもが親より
も特定の職員に愛着を感じることもある。したがって，面会場面で，親のプ
ライドが傷ついたり，親子ともに，緊張や負担，居心地の悪さを感じること
もある。

　職員はこのような事態をできるだけ緩和するよう，面会場面以外の日々の
生活の中でも，親子のつながりを意識したかかわりをしなければならない。
例えば，日々のかかわりのなかで無表情だった子どもに笑顔が増える，「マ
マ」「抱っこ」といった言葉が出てくるなど，親がかわいらしさを実感でき
る子どもの姿を写真や電話・ビデオレターなどを使って親に伝える。子ども

に対しても，機会があるごとに「ママは，○ちゃんのこと大好き！ってぬいぐるみ持って来てくれたんだね」など，親の言動に愛情の意味づけをして子どもに伝えるといったことが考えられる。

3．児童養護施設における子育て支援

●演習事例

　児童養護施設で暮らす子どもたちにも親が存在し，家族との交流もある。厚生労働省（2018）によると，児童養護施設において，入所時点で両親または父母のどちらかがいる子どもの割合は約93％。施設入所中，約72％の子どもたちが家族との何らかの交流がある。

　一方，児童虐待を主な入所理由とする子どもは少なくなく，児童養護施設の入所理由の内，一般的に「虐待」とされるもの（「放任・怠だ」「虐待・酷使」「棄児」「養育拒否」）を合計すると全体の約45％となる。また入所してから虐待を受けていたことがわかるケースもある。厚生労働省（2018）は虐待経験がある子どもの割合は約66％としているが，入所児童のほぼ全員が何らかの虐待を経験していると見ている施設もある。

　以下は，虐待を理由として入所した子どもと父親の事例である。

　　リュウト君（4歳）の父親イサムさん（33歳）は，アルコール依存症で，無職。生活保護を受けている。普段は無口で優しい父親だが，飲酒時は人が変わったように，リュウト君の母親に暴力を振るった。母親はリュウト君が寝ている間に逃げるように家出し音信不通である。母親が居なくなったことに気づいたリュウト君は泣き叫んだが，イサムさんはその時も泥酔状態で，泣き止まぬリュウト君を殴ったり蹴ったりした。近所の人が通報し，リュウト君は保護され，現在児童養護施設で生活している。

　　リュウト君は，施設生活にも慣れ友達もできた。ただ父親を恋しがり，面会の日を楽しみにしていた。しかし，イサムさんは面会時間の直前になるといつも，体調が悪いなど理由をつけてキャンセルしてきた。せめてリュウト君に声だけでも聞かせてほしいと職員が頼むと，一方的に電話を切ってしまい，その後しばらく連絡が取れなくなってしまう。その度にリュウト君は職員も手を焼くほどぐずった。

　　そんなある夜，酔っぱらったイサムさんから電話があった。対応した施設長

に向かって,「お前らがリュウトを取った!　リュウトを返せ!　訴えるぞ!」と怒鳴ったかと思うと,「俺は最低な父親だ!　もう死んでしまいたい!」と泣き出した。施設長が,受容・共感の姿勢で話を聴き続けることで,イサムさんはようやく高ぶった気持ちを落ち着かせて電話を切った。

ポイント

3－1.〈親に対する理解を深める〉
　親のニーズは,「まず理解してほしい」ということである。親は,職員や施設から見守られている,支えられている,という安心を実感できなければ,子どもに向き合っていく勇気を得られない。
3－2.〈子どもの思いの受容,親の状況の説明〉
　親の言動に振り回される子どものケアも忘れてはならない。子どもの思いをしっかり受容しなければならないのはもちろんだが,できる範囲で,何故,親は会いに来られないのか,何故一緒に暮らせないのか,親の置かれている状況を子どもに分かるような言葉で説明することも必要である。

演習課題

3－1.親に対する理解を深める際に,支援者はどのような努力をする必要があるか考えてみよう。
3－2.子どもに親の状況を説明する際に,支援者はどのようなことに留意する必要があるか考えてみよう。

解　説

3－1.親の言動の背後にある感情を理解する

　子どもに率直に自分の気持ちを伝えるのが苦手な親は少なくない。面会や外出の約束をしながら直前に何かと理由をつけて(あるいは無断で)キャンセルしたり,アルコールの力を借りなければ職員や子どもと会ったり話ができない人もいる。

　また,虐待行為により子どもが施設入所となった親は,子どもを奪われ自分自身を全否定されたといった被害者意識,周囲に対する強い不信感,親として評価されるという緊張感,子どもを傷つけたことへの罪障感,親としての自信喪失といったさまざまな感情をもっている。そして本当は不安で助けが欲しいのに,それを上手く表現することができず,代わりに敵意や怒りを周囲にぶつける。相手を責めたり,自分を責めたり,本人自身にもどうにも

168

できない複雑な感情に振り回されているのかもしれない。

　イサムさんの「リュウトを取った!」,「リュウトを返せ!」という言葉は,「リュウト君に会いたい。一緒にやり直したい」といった気持ちを,「最低な父親」,「死んでしまいたい」は,自分のせいでこのようなことになったという自責の念を表現しているのではないか。そして「会いたい」けど「会わせる顔が無い」ために,リュウト君と会うことや話すことをためらっているのではないだろうか。

　このように,親の言動の背後にある複雑な感情を,施設入所までのいきさつや現在抱えている問題などを基に理解を深める努力をしなければならない。しかし,いくら受容的にかかわろうとしても,それをなかなか素直に受けとめられない親もいる。時間がかかるかもしれないが,これまで他者から受容された経験がないために戸惑ってしまうのだ,ということも含め,理解することが支援の出発点となる。

3—2. 子どもに親の状況を説明する際の留意点

　子どもの日常に深くかかわる職員は,生活のあらゆる場面で子どもの感情の揺れに触れる機会が多くなるし,時には子どもが怒りや悲しみをぶつける対象となることもある。そのような子どもの姿を,共感的理解により受けとめることが重要であることは言うまでもないが,親の置かれた状況について説明が必要な場合もある。

　親の現状が知らされないことは,子どもを不安にさせる。そして,親の言動を自分なりに何とか理解しようとした結果「自分が悪い子だから」等と自身を責めることもある。したがって,特にイサムさんのように,子どもに対する肯定的な感情が感じられる親の場合,その思いを上手く伝えられない親に代わって職員が子どもに伝えることが重要となってくる。たとえば,「お父さんは普段はとても優しいけど,お酒を飲んじゃうと怖いお父さんになってしまってたよね?　そのことをお父さんはとても反省していて,リュウト君とまた暮らせるように頑張っている最中なんだよ。だから,リュウト君のこと大好きだけど,今はまだリュウト君に会えないんだって。お父さんと会えることを楽しみにしているリュウト君には悲しいことだけど,一緒に待っててあげようね」といった感じになろうか。

　しかし一番望ましいのは,やはり,親自身の言葉で子どもに語りかけることである。親が勇気を出して子どもに気持ちを伝えられるようにするためにはどのようにすればよいか,という視点でも必要な支援を考えてみてほしい。

　最後に,子どもが知る事実は必ずしもよいことばかりではない,ということも知っておいてほしい。子どもからすれば納得できないこともあるし,厳

しすぎる現実を突きつけられることもある。子どもの親に対する感情もまた複雑であり，簡単に「親は親，自分は自分」と分けて考えることはむずかしいと思われるが，子どもが少しでも前向きに歩き出せるように，そのプロセスに寄り添い続けなければならない。

引用・参考文献
厚生労働省（2018）「児童養護施設入所児童等調査結果（平成30年 2 月 1 日現在)」。
厚生労働省（2019）『授乳・離乳の支援ガイド　2019年度版』。
須藤八千代（2007）『母子寮と母子生活支援施設のあいだ――女性と子どもを支援するソーシャルワーク実践』明石書店。
原田さつき（2019）「上手な食べさせ方　発達を理解した支援」『全国乳児福祉協議会機関誌　乳児保育』166：12-13。
宮口智恵・河合克子（2015）『虐待する親への支援と家族の再統合――親と子の成長発達を促す「CRC 親子プログラム　ふぁり」の実践』明石書店。

（西井典子）

コラム7　リフレーミング

　問題点と思っていたことが，視点を変えると実は問題点ではないということがある。また，問題を引き起こす原因が意外なところで発見される。

　ここでは，児童福祉施設の職員研修等で「リフレーミング」がおこなわれていることに注目したい。「リフレーミング」とは，物事を理解する時に用いているあるフレーム（枠組み）を別のフレームへと変えることである。よくメガネのフレームに喩えられて，フレームを取り換えることで見る世界も変わるといわれている。

　ある児童養護施設では，リフレーミングの研修をおこなっており，日常のなかで，下記のようなリフレーミングが活用されていた。

- ・行動が遅い⇒ゆったりとしている。周りを安心させてくれる。マイペース。
- ・落ち着きがない⇒好奇心旺盛。活発。行動力がある。刺激的な人。

　その児童養護施設では，物忘れが多いAが「行ってきまぁ〜す」と元気よく登校して行った後，暫くすると「忘れ物した〜」と慌てて戻ってくることがしばしばあった。そこで職員は，「また忘れて」と叱るのではなく，「よく思い出した」，「偉い」とAの行為をほ

めていたのである。そうした職員の言葉がけに対して，Aは「そう」「僕，思い出したよ」と応答し，陽気に走っていくのであった。

　その園の施設長から「3日坊主」のリフレーミングの例として，「前は1日であきらめたけど，今回は3日も続いたね。偉い。今度は1週間に挑戦だ」と言葉をかけるという話をうかがったことがある。

　子どもへの支援において，時に注意することも必要ではあるが，子どもの背景を理解して，子どもの思いを汲み取った上で，リフレーミングの技術を活用しながら支援することはそれ以上に大切なことである。子どもの自己肯定感の低さが問題として取り上げられることがある今，問題と言われる行動のなかにも，見方を変えると，ほめることができる行為がある。ネガティブな視点をポジティブに変える技術は，幸せを意味する「福祉」には欠かせないものだと考えることもできるのである。

参考文献
田中孝彦（2009）『子ども理解』岩波書店。

（石塚正志）

第15章　子ども家庭支援・子育て支援の課題と展望

　本章では，まず近年の子ども家庭支援及び子育て支援の推移を，「少子化」と「子ども虐待」という昭和から平成，令和に持ち越された社会課題に対応する政策・制度の変遷を通して概観する。当初，少子化対策のみを目標とした子育て支援・保育対策が，社会全体で子どもと子育てを支援する社会の実現を目指す包括的な「子ども・子育て支援新制度」へと発展する過程を整理し，理解する。また，子ども虐待対応については，子どもの命を救うための強制保護的な虐待防止制度から，子どもの最善の利益，家庭養育優先の原則を謳った2016年の「改正児童福祉法」や2017年の「新しい社会的養育ビジョン」への変遷を整理し，理解する。

　その上で，子ども・子育て支援新制度と新しい社会的養育ビジョンに基づき実施されているさまざまな取り組みの課題と展望を整理，理解する。そして，そうしたさまざまな取り組みの多局面で重要な働きをする保育士への期待についても整理，理解する。

1．子ども家庭支援・子育て支援の取り組みの推移

　近年の社会経済的変化のなかで，子どもと家庭を取り巻く環境は大きく変化しており，子どもと子育て家庭が直面する問題とその解決に対するニーズは複雑化，多様化してきている。子育ての責任は第一義的には家庭すなわち保護者にあるとされるものの，子育てにかかわる問題はとうてい保護者のみで解決できるものではなくなっている。社会全体で子育て家庭を支え，子どもの育ち（子育ち）と，子育ちを支える保護者の育ち（親育ち）を援助しなければならない。

　本節では，子どもと家庭が直面する問題を，子どもを産むことと育てることの問題として，社会問題となっている「少子化」と「子ども虐待」を中心に取り上げ，そうした問題に対する政策・制度的な取り組みを整理し，その推移を理解する。こうした理解を前提として，次節では，子ども家庭支援と子育て支援の課題を検討する。

（1）少子化対策と子ども虐待防止の取り組み

　子ども家庭福祉が，高齢者福祉や障害者福祉とともに社会保障のレベルで議論され，その重要性が認識されるきっかけとなったのは，なんといっても「少子化」と「子ども虐待」であろう。これらの社会現象が重大な社会問

題・課題として認識されたことが，子ども家庭福祉に大きな影響を及ぼしたといえる。

　国立社会保障・人口問題研究所の分析では，第2次ベビーブーム直後の1975年頃から2000年にかけて見られた出生率の継続的な減少は，未婚化や晩婚化あるいは夫婦の出生力の低下などが起因とされた。この急激な減少が，少子化として社会問題化し，それを食い止める政策の必要性が社会課題として認識されたのは，1989年の合計特殊出生率が，俗信の影響が顕著であった1966年の丙午の年の合計特殊出生率1.58を下回った時であった。いわゆる「1.57ショック」である。

　今一つ，子ども家庭福祉の政策・制度に大きな影響を及ぼしたのが子ども虐待であった。子ども虐待は，20世紀末ごろからマスコミに取り上げられる頻度が増し始める。1990年からの10年間で児童相談所の子ども虐待相談件数は10倍に増加し，1万件を超えた。子どもが安全であるはずの家庭で親からの虐待によって死亡するという悲惨なケースが紙面を賑わすこととなる。これを受け，2000年には「児童虐待の防止等に関する法律」，いわゆる「児童虐待防止法」が議員立法によって成立する。

　この2つの社会問題は，20世紀から21世紀に持ち越された社会課題であり，今日も子ども家庭支援と子育て支援のあり方に大きな影響を及ぼし続けている。

（2）少子化対策と子ども家庭支援・子育て支援の推移

　少子化対策の初期段階では，政策としては，女性の社会進出を促進しつつ，少子化に歯止めをかける対策がおこなわれた。女性が仕事をしながら子どもを産み育てることを支援するために，「緊急保育対策5か年事業（当面の緊急保育対策等を推進するための基本的考え方）」を目玉とする，文部，厚生，労働，建設4大臣合意の「エンゼルプラン（今後の子育て支援のための施策の基本的方向について）」が1994年に策定された。その後，「新エンゼルプラン」，「少子化社会対策基本法」，「少子化対策プラスワン」などへと続き，2003年には「次世代育成支援対策推進法」が制定された。しかし，こうした少子化対策のための政策強化にもかかわらず，合計特殊出生率は減少し続けた。少子化に歯止めがかからないまま，逆に保育所に入れない「待機児童」が増え続けることとなった。

　待機児童解消のための保育対策のみならず，男性の育児参加，企業の育児支援，ワークライフバランスの推進といった取り組みによって，安心して子どもを産み育て，喜びを感じることのできる社会の構築が目指された。基礎自治体である市区町村のみならず事業主に対しても，次世代育成支援対策推

進のための地域行動計画を策定し実施することが義務づけられることとなる。その後「子ども・子育て応援プラン」,「子ども・子育てビジョン」,「待機児童解消加速化プラン」,「子育て安心プラン」などの施策が次々と打ち出され,今日の包括的な「子ども・子育て支援新制度」へと至る。

　新制度は,子どもと子育てを社会全体で支援し,児童に教育・保育を総合的に提供するとともに,両親がともに働く家庭のみならず,すべての子育て家庭への支援を実現する,これまでにない包括的な制度である。2012年に「子ども・子育て支援関連3法」,すなわち「子ども・子育て支援法」,「認定こども園法の一部改正」,「子ども・子育て支援法及び認定こども園法の一部改正法の施行に伴う関係法律の整備等に関する法律」が成立した。2015年より,子育て家庭にもっとも近い市区町村（基礎自治体）において「子ども・子育て会議」が設置された。この会議での検討を通して「子ども・子育て支援事業計画」が策定され,新制度がスタートすることとなった。多くの自治体では,延長された次世代育成支援法に基づく地域行動計画と子ども・子育て事業支援計画とを統合し,より包括的な計画を策定,実施しており,2020年からは第2期計画をスタートさせている。また,ますます増える保育ニーズへの対応としては,5年間で約50万人の保育の受け皿を整備するとした待機児童解消加速化プランを受け継ぎ,さらに3年間で約32万人の保育の受け皿を用意するとした「子育て安心プラン」が打ち出された。2021年からは「新子育て安心プラン」によって2024年末までに約14万人分の保育の受け皿を整備する計画が示されている。

　こうしたなか,国は2017年に「新しい経済政策パッケージ」を示し,子ども・子育て世代への政策資源投入をおこない,社会保障制度を全世代型へと改革し,希望出生率1.8を目指すとした。2018年に基本構想が取りまとめられた「人づくり革命」では,待機児童の解消,高等教育の無償化,私立高等学校の授業料実質無償化を開始している。

　少子化対策,そして子ども・子育て支援では,このように大きな政策展開が矢継ぎ早になされてきたが,そのなかで見えてきた課題も多い。また,こうした課題に加え,新型コロナウィルスの影響も懸念される。

（3）子ども虐待と子ども家庭支援・子育て支援

　児童相談所の子ども虐待に関する相談処理件数は2020年には,児童虐待防止法が議員立法により成立した2000年の20倍を超える20万5029件となり,前年からの増加率ももっとも大きくなっており,子ども虐待の増加は止まるところを知らない（図15-1参照）。急激な量的増加のみならず,質的な変化も看過できない。虐待の種類としては,当初大きな比率を占めていた身体的虐

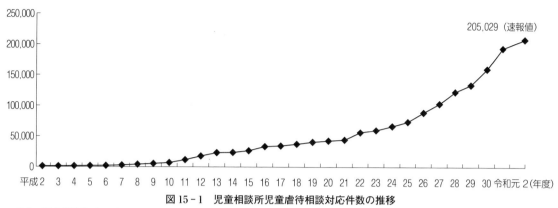

図 15 - 1　児童相談所児童虐待相談対応件数の推移

出典：厚生労働省（2021）。

表 15 - 1　子ども虐待通告児童数

区分＼年次	H15年	16年	17年	18年	19年	20年	21年	22年	23年	24年	25年
通告人員（人）	—	962	1,189	1,703	3,516	6,066	6,277	9,038	11,536	16,387	21,603
身体的虐待	—	—	—	968	1,734	2,508	2,558	3,754	4,484	5,222	6,150
性的虐待	—	—	—	91	86	117	149	129	150	163	149
怠慢・拒否	—	—	—	476	880	1,196	1,137	1,701	2,012	2,736	2,960
心理的虐待	—	—	—	168	816	2,245	2,433	3,454	4,890	8,266	12,344
面前 DV	—	—	—	—	—	—	—	—	—	5,431	8,059

区分＼年次	26年	27年	28年	29年	30年	R元年	2年	前年対比 構成比	前年対比 増減数	前年対比 増減率
通告人員（人）	28,923	37,020	54,227	65,431	80,252	98,222	106,991	100.0%	8,769	8.9
身体的虐待	7,690	8,259	11,165	12,343	14,836	18,279	19,452	18.2%	1,173	6.4
性的虐待	177	171	251	251	260	264	295	0.3%	31	11.7
怠慢・拒否	3,898	4,431	5,628	6,398	7,722	8,958	8,859	8.3%	▲99	▲1.1
心理的虐待	17,158	24,159	37,183	46,439	57,434	70,721	78,385	73.3%	7,664	10.8
面前 DV	11,669	16,807	24,998	30,085	35,944	42,569	45,073	42.1%	2,504	5.9

出典：警察庁生活安全局少年課（2021）。

待の比率が減少し，子どもの面前での夫婦間の暴力・口論や子どもへの執拗な非難，叱責といった心理的虐待が，ネグレクトを追い越してもっとも多くなっている。通告相談経路は，市民への啓発が進み，近隣からの通告が増加していたが，このところ警察からの通告が急激に増加しており，警察が虐待を犯罪としてとらえ早期に動き出す傾向が顕著となっている。警察庁によると，2020年，警察が児童相談所に虐待通告した18歳未満の子どもの数は初めて10万人を超え，そのうちの73%は心理的虐待であった。また，検挙数も

2133件と，過去最多を記録している。

　このように子ども虐待に対する警察の介入が顕著に増加し，警察と児童相談所との連携も強化されてきた。しかし，児童相談所は，虐待通告を受け，虐待ケースに対応してアセスメントをおこない，それに基づいて，子どもの最善の利益を考慮しつつ，子どもと家庭に対する処遇を決定，実行する措置権を有する児童福祉機関である。その意味において子ども虐待に関しては，児童相談所の重要性は以前にもまして増しており，その強化が求められている。

　児童虐待防止法の成立と改正，「子ども虐待対応の手引き」の刊行と改訂，「児童相談所運営指針」の改正などなど，悪化し続ける子ども虐待への制度的な対応が四半世紀にわたっておこなわれてきた。なかでも子ども虐待防止にとって政策的に重要な意味をもつ改正は，2016年の児童福祉法の改正であろう。同法が制定されて70年あまりになるが，この改正は初めての理念改正といえる。1989年に国連総会で採択された「子どもの権利条約」（正式名称は「児童の権利に関する条約」）は，日本も1994年に批准している。改正児童福祉法では，その主要理念である「子どもの最善の利益」が明確に示されることとなり，その後の子ども虐待にかかわるさまざまな政策，施策，事業の改正につながっている。

　改正児童福祉法の理念は「子どもの最善の利益」と「家庭養育優先の原則」を特徴としており，保育士を含め児童福祉に関連するさまざまな専門職が子ども家庭支援や子育て支援に係る際の原則であるとともに，拠り所であるといえよう。たとえば，児童相談所が子どもを措置する際には，その措置が子どもにとって最善の利益となるかどうかを常に判断する必要がある。また，子どもを措置する場合には，まずその子どもの家庭において援助できるかどうかを考える必要がある。

　こうした判断の鍵を握るのは，都道府県レベルでは児童相談所ということになるが，その児童相談所の専門性や人員不足が問題とされてきた。子ども虐待の予防・対応では，入口となる虐待の早期発見や児童相談所等への通告，そして児童相談所の迅速かつ的確な初期対応がきわめて重要である。近隣，保育所，教育機関などでの早期発見と通告は，さまざまな啓発活動や全国共通の電話番号（189＝いちはやく）の設置などによって成果が見られるが，児童相談所の迅速かつ的確な初期対応に関しては十分とはいえないのが現状である。

　改正児童福祉法のもとで児童相談所等の体制強化がよりいっそう図られ，児童相談所の人員増強や民間人材の活用，研修等による職員の資質向上，弁護士を配置し法的機能を強化するなどの取り組みがおこなわれている。また，

中核市においても児童相談所の設置が求められている。

　一方，市区町村レベルでは要保護児童対策地域協議会の強化や，子ども家庭相談の拠点となる「市区町村子ども家庭総合支援拠点」設置の取り組みも推進されている。また，子ども・子育て支援の「地域子ども・子育て支援事業」における「地域子育て支援拠点」や，拠点でおこなわれる基本型の「利用者支援事業」，妊娠期から子育て期にわたり切れ目のない支援をおこなう「母子健康包括支援センター（子育て世代包括支援センター）」などとの連絡調整が重要となる。

　虐待を受けた子どもが，里親や児童養護施設などに措置された場合も，できるだけ早期に家庭復帰，家族再統合がなされなければならない。こうした虐待対応の出口に関しても，改正児童福祉法のもとでさまざまな取り組みがなされている。虐待等により，家庭に留まれない子どもに対する「社会的養護」における「施設養護」のあり方が，子どもの最善の利益に鑑み見直され，施設の小規模化，ユニット化など「家庭的養護」の推進強化が図られている。また，子どもの最善の利益の観点から，里親や「ファミリーホーム（里親や児童養護施設職員などに携わった経験のある養育者がその家庭に子どもを迎えて養育する「小規模養育型児童養育事業」）といった「家庭養護」の重要性が認識され，その委託比率向上のための取り組みが本格化している。

　一方，改正児童福祉法では，先述したように「家庭養育優先の原則」が明確化された。そして，社会的養護の見直しから「社会的養育」の推進へと視点が大きく移り，子どもを家庭外に措置する前に，その最善の利益を考慮して実家庭（birth family）での養育（「家庭養育」）が優先されることになる。実家庭が子どもの育つ安心・安全な環境となるべく在宅支援をすることが最重要課題とされることになった。すなわち，欧米においては早くからその重要性が訴えられてきた実家庭の維持（「家庭（族）維持」「ファミリープリザベーション」）が日本においても注目されることとなった（畠山，2015）。

　改正児童福祉法の理念のもと，2017年に示された「新しい社会的養育ビジョン」では，実家庭から施設や里親といった代替養育家庭の支援，さらに特別養子縁組などといった子どもを育む環境の多様な選択肢を包括的にとらえた社会的養育の全貌が初めて示され，家庭養育の重要性，優先性とともに子ども虐待対応の出口のあり方が明示されることとなったといえよう。都道府県では，厚労省が示した策定要領を踏まえて，新しい社会的養育ビジョンに基づく「社会的養育推進計画」が策定されている。

2．子ども家庭支援・子育て支援の課題と展望

（1）子ども・子育て支援新制度の課題・展望と保育士への期待

　子どもと家庭にとってより身近な基礎自治体である市町村において，子どもと子育てを支援する制度は，やや限定的な少子化対策としてのエンゼルプランから始まり，今日では，男性の育児参加，ワークライフバランスや働き方の改革，企業の積極的な支援，教育と保育の総合的な提供による量的拡充と質向上などといった社会全体で子どもの成長と子育てを支援する新たな制度となっている。2012年に成立した「子ども・子育て関連3法」に基づく2015年の「子ども・子育て支援新制度」は，地域の子育て支援の量を拡充し，質の向上を図ることによって，子どもの年齢や親の就労状況などに応じた支援を提供するだけではなく，幼児期の学校教育や保育の量的拡充と質向上を図るものである。これにより十分な教育・保育の受け皿が用意され，待機児童の解消を目指すとともに，社会全体での子ども家庭支援・子育て支援を実現しようとする制度であるといえる。すなわち，この新制度によって，今日，全ての子どもとその家庭における子育てを社会全体で支える仕組みが完成したといえよう。

　新制度は，「子ども・子育て支援給付」と「地域子ども・子育て支援事業」を，制度を支える2つの柱としており，これがうまく機能することによって制度が効力を発揮する仕組みになっている。前者としては，「教育・保育給付」がある。教育・保育給付は幼稚園，保育所，認定こども園などの「施設型給付」と，原則20人以上の幼児を保育する保育所よりも少人数で，0〜2歳児を保育する「地域型保育給付」（小規模型保育，家庭的保育，事業所内保育，居宅訪問型保育）があり，保護者が利用するに当たっては認定を受ける必要がある。1号から3号の認定があるが，1号認定は幼稚園，認定こども園の利用の場合，2号，3号認定は保育所，認定こども園，地域型保育の利用の場合である。こうした多くの選択肢を提供することによって子どもと家庭のニーズに合ったきめ細かな教育・保育が可能となる。

　後者の「地域子ども・子育て支援事業」では，在宅で子育てしている家庭を含むすべての子育て家庭を対象とし，多様な子育てニーズに応じたさまざまな子育て支援サービスが提供されている。具体的には，「利用者支援」，「地域子育て支援拠点」，「放課後児童クラブ」，「ファミリー・サポート・センター」，「一時預かり」，「乳児家庭全戸訪問」，「子育て短期支援」などの事業が提供されている。

　図15-2に市町村が主体となって提供する教育・保育給付と地域子ども・

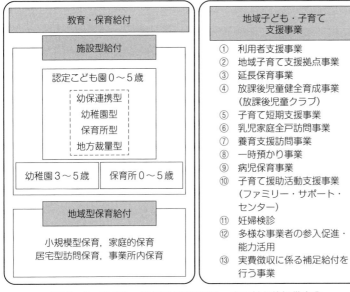

図15-2　子ども・子育て支援新制度　市町村主体提供事業
出典：筆者作成。

子育て支援事業をまとめた。少子化や子どもの虐待などといった社会問題の
深刻化に呼応して，子どもと子育てにかかわるニーズは複雑化，多様化して
きたが，前述のように，新制度のもとでは，身近な基礎自治体である市町村
が主体となって，そうしたニーズに応える多様なサービス事業を提供する。
子ども・子育て支援に関連するさまざまな事業を加えると，自治体によって
は200を超える事業が提供されている。これに民間が提供する事業を加える
と，子どもと子育て家庭の多様なニーズに包括的に応えうる，実にさまざま
なサービスが身近な地域において創出され，提供されているのである。保育
対策が中心であったエンゼルプランの頃と比べるとサービスの量，質ともに
充実しており，隔世の感があると言っても過言ではない。
　しかし，こうしたサービスが子育て家庭によって十分に活用され，地域に
おいて子どもを産み育てることに幸せを感じることができるとともに，子ど
もの成長をしっかりと支えているか，と問うてみると，決してそうではなさ
そうである。そこに課題が見えてくる。その一つとして，こうした多様な支
援サービスの認知度，利用度の伸び悩みがある。新制度がスタートして5年
が経過し自治体の子ども・子育て支援事業計画は第2期を迎えているが，計
画の策定と進捗の評価・改善に関与する自治体の「子ども・子育て会議」で
は今なお，家庭や子どもの事情に合った教育・保育の適切な選択，地域子ど
も・子育て支援事業などで提供されるさまざまな事業についての情報や，利
用方法に関する情報の収集・整理・的確な選択についての支援が十分ではな

いとの意見が根強い。

　こうした利用者のサービス選択・活用を効果的，効率的におこなえるよう支援するのが，地域子ども・子育て支援事業のなかの「利用者支援事業」である。教育・保育給付に関して，子どもと子育て家庭の事情（ニーズ）を評価し，多くの選択肢（保育所，幼稚園，認定こども園といった施設型給付，あるいは小規模保育，家庭的保育，企業内保育，居宅訪問型保育など）のなかからニーズに最適なものを，利用者が選び出し利用するのを援助するのが「特定型利用者支援（保育コンシェルジュ）」である。これは，教育・保育の利用を考えている保護者が比較的よく活用しており，一定の効果を上げていると思われる。

　しかし，すべての子育て家庭を対象とする「基本型利用者支援（子育てコンシェルジュ）」については，自治体によっては十分に提供されていなかったり，利用者にあまり活用されていなかったりするようである。基本型の利用者支援は，家庭の子育てニーズをアセスメントし，その結果に基づき，地域子ども・子育て支援事業で提供される諸サービス及び民間が提供する子育て支援にかかわる諸サービスについての情報を提供し，そのなかから保護者がニーズに合ったサービスを選択・活用できるよう支援するものである。しかし，子育て支援に関する情報の不足と選択の難しさを訴える利用者が多く，先に述べたように，子ども・子育て会議における根強い不満意見の一因となっているといえよう。

　第9章で議論されているように，保育所や地域子育て支援拠点などで，子育て支援（かつての「保護者支援」）をおこなう保育士は，「保育所における子育て支援に関する基本事項」に加えて，「保育所を利用している保護者に対する子育て支援」や「地域の保護者等に対する子育て支援」をおこなうことになる。本書においても新川は，保育士がおこなう子育て支援とソーシャルワークとの関係にも触れ，子育て家庭との間に援助関係を形成し，子どもと子育て家庭の潜在的な個別ニーズを把握し，それらに対応したサービス資源に確実につなぐことの重要性について言及している（第9章参照）。これは，地域子ども・子育て支援事業の基本型利用者支援事業の目指すところと一致する。こうした利用者支援ではケースマネジメントなどの技術を含むソーシャルワークの知識・技術の活用が重要とされる（才村他，2019：158-163；芝野他，2021：15-21）。すなわち，子育て支援において保育士は，「保育相談支援」で活用される「保育技術」に加え，利用者支援で用いられる，ニーズと資源を結びつけるケースマネジメントなどの知識・技術を用いて，利用者に寄り添い，利用者の意思を尊重しながらおこなうソーシャルワーク援助をすることを求められていると考えることができる。保育士にはそうした期待に

応えることが重要な課題となろう。

　このような課題に加えて，2020年の春頃から日本においても深刻化している新型コロナウィルスのパンデミックは，子ども及び子育て家庭に大きな影響を及ぼしており，子ども家庭支援・子育て支援の新たな課題となっている。教育・保育の現場では，ソーシャルディスタンスを確保したり，声を出すのを控えたり，周到な消毒に気を配ったりすることが，子どもの心身には大きな負担となっていると考えられ，成長に大きな悪影響を及ぼしかねない。教師や保育士の心身への負担も看過できないレベルに達していると思われる。家庭での子育てについても保護者の負担は大きくなっていると考えられ，地域子ども・子育て支援事業で提供されるさまざまな事業を効率的，効果的に活用したいと思う保護者は増加していると考えられる。しかし，そうした事業の利用や相談が，３密を避け，不要不急の外出自粛を求められるために，容易にできない状況がある。利用者支援事業も，対面での支援が難しくなりリモートでおこなったりする工夫も見られるが，サービスの量・質ともに低下している恐れもある。

　新型コロナウィルスの影響は，女性と子どもの自殺者の増加とも関係しているかもしれない。因果関係については科学的エビデンスが示されたわけではないが，厚生労働省が2020年１年間で自殺した人の確定値を公表したところでは，全国の自殺者は４％増え２万1081人となったが，男性の自殺者が微減したのに対し，女性は15％も増加し，小・中・高生を合わせた子どもの自殺者も前年より25％も増え，過去最高となった。厚生労働省は，新型コロナウィルスの感染拡大で社会全体に不安が高まっていることも影響しているとみており，民間を含めた相談体制の強化を進めるとしている。地域において子ども家庭支援や子育て支援にかかわる保育士にも，保育所や地域子育て支援拠点での相談体制を強化するために，さまざまな取り組み方の工夫が求められている。

　こうした新型コロナウィルスへの対応が，一過性のものであるのか，今後も永く日常生活に影響し続けるものなのかは，まだ定かではないが，子ども家庭支援・子育て支援にとって新たな大きな課題でありチャレンジであることに間違いはないといえよう。

（２）子ども虐待防止における都道府県と市区町村との連携の課題と展望，保育士への期待

　子ども虐待対応については，先に触れたように，2016年の児童福祉法の理念改正に基づき「子どもの最善の利益」が前面に押し出された。これを受け，都道府県の児童相談所の体制強化が一段と進められるとともに，基礎自治体

では「市区町村子ども家庭総合支援拠点」を中心とした子ども家庭相談の体制強化が積極的に図られている。また，虐待を受けた子どもの処遇に関しては，2017年の「新しい社会的養育ビジョン」に基づき，都道府県において「社会的養育推進計画」の策定が進みつつある。代替養育家庭としての児童養護施設などの小規模化・ユニット化といった「家庭的養護」の推進や，里親委託の比率向上といった「家庭養護」の推進を目指す取り組みが進められている。さらに，前節で触れたように，新しい社会的養育ビジョンに明示された「家庭養育優先の原則」に基づき，実家庭に子どもが留まれるように，子どもと家庭への支援を強化する必要性も認められ始めている。いわゆる「家庭（族）維持（ファミリープリザベーション）」の推進が課題となる（177頁参照）。

　基礎自治体にける子ども虐待対応と子ども家庭相談体制の全体像が図15-3のように厚生労働省によって示されている。これについて少し説明し，課題を整理したい。

　子ども虐待の防止では，想定の一つとして，児童相談所が通告を受け，子どもの安全を目視によって確かめ，一時保護の必要性や，保護した後の措置，そして措置後の家庭復帰，家族再統合に向けた自立援助計画の策定・実施という流れが考えられ，都道府県の児童相談所が主役となる。図15-3では，下3分の1くらいに児童相談所の役割が示されているが，児童相談所がおこなうこうした専門的な相談，調査，診断は，虐待リスクの高い「要保護児童（保護者に監護されることが不適当と認められる児童）」とその家庭への強制保護的な介入を中心としており，一時保護や措置，一時保護中の保護者に対する児童福祉司指導につながる。また，子どもの最善の利益に鑑み，措置として実家庭以外に育ちの環境（代替養育）を用意する場合は，まず里親委託のような家庭養護（家庭養護優先），続いて乳児院・児童養護施設のような施設養護が選択されることになる。永続的な解決としての「特別養子縁組」も重要な選択肢である。また，新しい社会的養育ビジョンで示された家庭養育優先の原則に鑑みると，前述したように，家庭（族）維持（ファミリー・プリザベーション）や養子縁組が「パーマネンシー・プランニング（子どもに安全で恒久的・永続的な育ちの環境を計画的に用意すること）」の重要な選択肢となる。

　しかし，施設の小規模化などによって家庭的養護が推進されつつあるとは言え，虐待を受けた子どもの大多数が施設に措置されている現状を考えると，里親委託や特別養子縁組が少ないのは，子ども家庭支援における大きな課題と言える。保育士は，乳児院・児童擁護施設の指導員や家庭支援相談員（ファミリー・ソーシャルワーカー）として働く場合もあり，こうした子ども虐

待に対応する社会的養育の現状と課題を熟知しておくことが期待される。

　図15-3の中・上段は，児童相談所に通告されたケースや市区町村の子ども家庭相談部局に通告されたケースのうち，比較的虐待のリスクが低いと判断されるケースに対する市区町村における支援の全体像である。通告ケースの多くがこの支援体制のなかで支援されると考えられる。「要支援児童（保護者の養育を支援することが特に必要と認められる児童）」と判断される子どもや，リスクが高いと判断される「特定妊婦（出産後の養育について，出産前において支援することが特に必要とされる妊婦）」に対する支援が中心となる。図の中段の右側に示された市区町村の「要保護児童対策地域協議会（要対協）」がこうしたケースへの援助に当たることになる。要対協は，図にあるように，児童相談所，地域の教育・保育機関，医療機関，保健所，警察，弁護士，民生児童委員，児童養護施設，里親，民間団体，地域子育て支援拠点・児童館などが構成メンバーとなっている。要対協の「個別ケース検討会議」で個々のケースに対する具体的な援助がなされており，その上層にあたる「実務者会議」では，ケース管理台帳を共有して児童相談所との連携・役割分担を確認している。こうした仕組みのなかで構成メンバー間の複雑な連絡・調整・協力は，市区町村の担当部局が行っている。図の上段に示されて

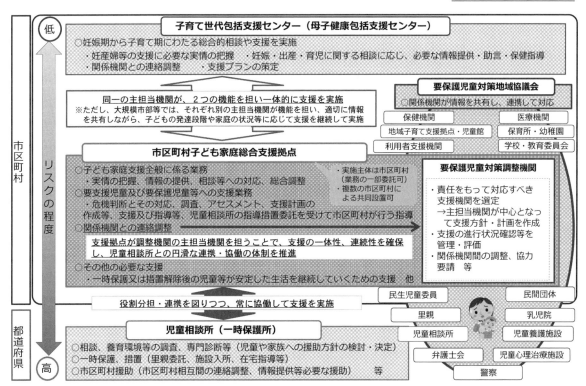

図15-3　市区町村子ども家庭総合支援拠点と支援体制の全体像

出典：厚生労働省 HP。

いる「子育て世代包括支援センター（母子健康包括支援センター）」，あるいは要対協の構成メンバーでもある「地域子育て支援拠点」もまた，子ども・子育て支援における連絡・調整・協力といった役割を果たしている。したがって，市区町村における子ども虐待対応体制の全体像は，図に見られるように，かなり複雑なものとなっている。

新たに，この複雑な仕組みに図15-3の中央に示されている「市区町村子ども家庭総合支援拠点（総合拠点）」が加わることになる。総合拠点は，市区町村における子ども家庭相談と都道府県の児童相談を連携調整しながら，子どもとその家庭の支援全般にかかわることになる。要支援児童及び要保護児童とその家庭の支援において，初期の危機判断と対応，アセスメントと支援計画の作成，計画の実施指導を，児童相談所と連携しながら実施する機関であるといえよう。少し見方を変えると，総合拠点は市区町村版児童相談所といえるかもしれない。また，総合拠点は要対協の調整機関としての役割も担うと考えられている。

このように総合拠点は，地域の子ども虐待防止の要となる重要な機関と言える。ただ，新たに総合支援拠点が加わった支援体制は，これまでにも増して，極めて複雑なものとなっている。この複雑な仕組みを効率的，効果的に機能させることが，子ども虐待から見た子ども家庭支援・子育て支援の大きな課題といえよう。

保育士は，このような市区町村での子どもと家庭への総合的な支援体制のなかで実施される子ども虐待対応のさまざまな局面で，子どもと家庭への支援に直接的に関与している。保育士は，保育所，地域子育て支援拠点，児童館，乳児院・児童養護施設，児童相談所などで勤務しており，専門職として相談支援にかかわることになる。そして，いっこうに減少する気配のない子ども虐待の現状では，保育士のそうしたかかわりはますます多くなってくると考えられる。複雑で，かつ未だ十分に機能しているとは言い難い市区町村の総合的な支援体制のなかで，子どもと家庭がしっかりと支援され，問題解決へと導かれるためには，保育士の働きは極めて重要である。したがって，保育士にもこの複雑な総合支援システムを熟知し，子ども家庭支援・子育て支援に貢献することが求められる。

演習問題

1. あなたの身近な自治体（市区町村）の「子ども・子育て支援事業計画」を参照し，どのような理念のもとに，目標が定められ，基本施策とそれに沿った事業が展開されているかを調べ，子ども家庭支援・子育て支援の理解を深めまし

ょう。

2．あなたの身近な「地域子育て支援拠点」，児童館，あるいは保育所などで，利用者への相談支援に保育士がどうのようにかかわっているかを調べて見ましょう。

3．あなたの身近な自治体（市区町村）における「要保護児童対策地域協議会」あるいは「子ども家庭総合支援拠点」についての資料を参照し，総合的な子ども虐待対応体制について理解を深めましょう。

引用・参考文献

新たな社会的養育のあり方に関する検討会（2017）『新しい社会的養育ビジョン』。
警察庁生活安全局少年課（2021）『令和2年における少年非行，児童虐待及び子供の性被害の状況』。
厚生労働省（2021）『令和2年度　児童相談所での児童虐待相談対応件数〈速報値〉』。
厚生労働省雇用均等・児童家庭局長（2017）『市区町村子ども家庭支援拠点の設置運営等について』。
才村純・芝野松次郎・新川泰弘・宮野安治編著（2019）『子ども家庭福祉専門職のための子育て支援入門』ミネルヴァ書房。
芝野松次郎・新川泰弘・山縣文治編著（2021）『社会福祉入門』ミネルヴァ書房。
畠山由佳子（2015）『子ども虐待在宅ケースの家族支援——「家族維持」を目的とした援助の実態分析』明石書店。

（芝野松次郎）

索　引 (＊は人名)

執筆者紹介（執筆順，執筆担当，＊は編著者）

　山縣　文治（やまがた・ふみはる，関西大学　教授）第1章

　山本　智也（やまもと・ともや，大阪成蹊大学　教授）第2章

＊才村　　純（さいむら・じゅん，東京通信大学　教授）第3章

　本田　和隆（ほんだ・かずたか，大阪千代田短期大学　准教授）第4章1

　室谷　雅美（むろや・まさみ，豊岡短期大学　教授）第4章2・3

　橋本　祐子（はしもと・ゆうこ，関西学院大学　教授）第5章

　大村　海太（おおむら・かいた，桜美林大学　助教）第6章

　渡邊　慶一（わたなべ・けいいち，京都文教短期大学　教授）第7章

　橋本　好広（はしもと・よしひろ，足利短期大学　准教授）第8章

＊新川　泰弘（にいかわ・やすひろ，関西福祉科学大学　教授）第9章

　中川　陽子（なかがわ・ようこ，大阪成蹊短期大学　専任講師）第10章1

　寅屋　壽廣（とらや・としひろ，日本メディカル福祉専門学校　専任講師）第10章2

　園川　　緑（そのかわ・みどり，植草学園短期大学　教授）第10章3

　磯部　美良（いそべ・みよし，武庫川女子大学　教授）第11章

　榎本　祐子（えもと・ゆうこ，びわこ学院大学　専任講師）第12章1・2

　板谷　雅子（いたたに・まさこ，南海福祉看護専門学校　専任講師）第12章3

　武田（六角）洋子（たけだ（ろっかく）・ようこ，東京家政大学　准教授）第13章

　西井　典子（にしい・のりこ，大阪樟蔭女子大学　専任講師）第14章

＊芝野松次郎（しばの・まつじろう，関西学院大学　名誉教授）第15章

コラム

　松木　宏史（まつき・ひろし，大阪国際大学短期大学部　教授）コラム1

　北村　博文（きたむら・ひろふみ，南海福祉看護専門学校　専任講師）コラム2

　谷　　寿夫（たに・ひさお，関西福祉科学大学　非常勤講師）コラム3

　山田　　容（やまだ・よう，龍谷大学　教授）コラム4

　木村　将夫（きむら・まさお，関西福祉科学大学　専任講師）コラム5

　守屋　亜美（もりや・あみ，守山市立小津こども園　保育教諭）コラム6

　石塚　正志（いしつか・まさし，京都保育福祉専門学院　専任講師）コラム7

編著者紹介

才村　純（さいむら・じゅん）
1972年　　大阪市立大学文学部人間関係学科心理学専攻卒業
　　　　　博士（社会福祉学）（東洋大学）
現　在　　東京通信大学　教授
主な著書　『子ども虐待ソーシャルワーク論——制度と実践への考察』単著，有斐閣，2005
　　　　　『図表でわかる子ども虐待——保育・教育・養育の現場で活かすために』単著，明石書店，2008
　　　　　『児童や家庭に対する支援と児童・家庭福祉制度（MINERVA 社会福祉士養成テキストブック）』共編著，ミネルヴァ書房，2015

芝野松次郎（しばの・まつじろう）
1983年　　シカゴ大学ソーシャルワーク政策実践大学院博士課程卒業
　　　　　博士（社会福祉学）（シカゴ大学）
現　在　　関西学院大学　名誉教授
主な著書　『ソーシャルワークとしての子育て支援コーディネート——子育てコンシェルジュのための実践モデル開発』共著，関西学院大学出版会，2013
　　　　　『ソーシャルワーク実践モデルの D&D ——プラグマティック EBP のための M-D&D』単著，有斐閣，2015
　　　　　『社会福祉入門』共編著，ミネルヴァ書房，2021

新川泰弘（にいかわ・やすひろ）
2015年　　関西学院大学大学院人間福祉研究科博士課程後期課程修了
　　　　　博士（人間福祉）（関西学院大学）
現　在　　関西福祉科学大学　教授
主な著書　『地域子育て支援拠点におけるファミリーソーシャルワークの学びと省察』単著，相川書房，2016
　　　　　『ソーシャルワーク研究におけるデザイン・アンド・デベロップメントの軌跡』分担執筆，関西学院大学出版会，2018
　　　　　『社会福祉入門』共編著，ミネルヴァ書房，2021

子ども家庭支援・子育て支援入門

| 2021年11月10日　初版第1刷発行 | 〈検印省略〉 |
| 2024年2月25日　初版第3刷発行 | 定価はカバーに
表示しています |

	才　村　　　純
編　著　者	芝　野　松　次　郎
	新　川　泰　弘
発　行　者	杉　田　啓　三
印　刷　者	田　中　雅　博

発行所　株式会社　ミネルヴァ書房
〒607-8494 京都市山科区日ノ岡堤谷町1
電話代表　（075）581-5191
振替口座　01020-0-8076

ISBN978-4-623-09222-2
Printed in Japan

▌保育・幼児教育・子ども家庭福祉辞典

中坪史典・山下文一・松井剛太・伊藤嘉余子・立花直樹編集委員
四六判　640頁　本体2500円

●子ども，保育，教育，家庭福祉に関連する多様な分野の基本的事項や最新動向を網羅し，学習から実務まで役立つ約2000語を収載した。実践者，研究者，行政関係者，将来は保育や教育の仕事に携わろうとする学生，子育てを行う保護者，これから子育てを担う人たちなど，子どもに関わる様々な人々を傍らから支える用語辞典。テーマごとの体系的な配列により，「読む」ことで理解を深められる。

▌社会福祉入門

芝野松次郎・新川泰弘・山縣文治編著　Ｂ５判　220頁　本体2400円

●保育士養成課程の「社会福祉」の教科書。社会福祉の法・制度とソーシャルワークを学ぶことに主眼を置いた。子どもと子育て家庭を支援するにあたっての様々な基礎的・専門的な知識や技術を網羅して取り上げる。

▌子ども家庭福祉入門

芝野松次郎・新川泰弘・宮野安治・山川宏和編著　Ｂ５判　164頁　本体2200円

●「子ども家庭福祉」の理論と実際について，わかりやすく解説する。子どもと子育て家庭を支援するための基礎的・専門的な知識や技術を網羅。「子ども家庭福祉の理念・法制度と子育て家庭を支援するソーシャルワーク」を学ぶことに主眼を置いた。また，子育て支援にかかわるいくつかの重要なテーマについて，コラムで解説した。

▌子ども家庭福祉専門職のための子育て支援入門

才村　純・芝野松次郎・新川泰弘・宮野安治編著　Ｂ５判　176頁　本体2200円

●保育士養成課程「子ども家庭支援論」「子育て支援」で使用できる教科書。児童福祉法，子ども・子育て支援新制度における地域子ども・子育て支援事業，保育所保育指針の改定における子育て支援などを踏まえて，子ども家庭福祉の理論と実践に関する専門的知識・技術と実践力を修得するために必要となる内容をわかりやすく解説する。

▌社会的養護入門

芝野松次郎・新川泰弘・山川宏和編著　Ｂ５判　216頁　本体2400円

●保育士養成課程「社会的養護Ⅰ」「社会的養護Ⅱ」の教科書。社会的養護は「新しい社会的養育ビジョン」をふまえ，児童福祉法等の改正により大きく変わりつつある。本書では，社会的養護の意義，理念，歴史的変遷と基本を平易に解説。制度，実施体系，対象や形態，関係する専門職等，子どもの人権・擁護を踏まえた社会的養護の実際について事例も交えて解説する。

──────── ミネルヴァ書房 ────────

https://www.minervashobo.co.jp/